Das Göttliche und das Unheimliche

von

André Howe

"Herstellung und Verlag:

BoD – Books on Demand, Norderstedt

Bibliografische Information der Deutschen Nationalbibliothek

Die Deutsche Nationalbibliothek verzeichnet diese Publikation in der
Deutschen Nationalbibliografie; detaillierte bibliografische Daten sind im
Internet über http://dnb.d-nb.de abrufbar.

ISBN: 978-3-7481-4043-6"

Vorwort

In dieser Zeit des vollkommenen kulturellen Niedergangs besteht die Möglichkeit, ja vielleicht die Pflicht, sich durch Rekursion auf die Historie über die Belange der Gegenwart zu erheben. Ist die Vergangenheit auch unwiederbringlich verloren, so ermöglicht sie auf diese Weise, was hinsichtlich der Gegenwart so unbedingt erforderlich ist: Distanz.

Das kosmische wie auch das menschliche Walten kann zu jedem Zeitpunkt durch zwei gegensätzliche Zustände ins Verhältnis gesetzt werden. Der Zustand ungeteilter Kraft steht dem Zustand, in welchem sich das gleiche Maß an Kraft in geteilter Form wiederfindet, gegenüber. Der Grad an Teilung entscheidet darüber, ob ein Zustand als göttlich oder als unheimlich zu gelten hat.

Ist der Grad an Teilung gering, so sind die Linien klar, das Starke selbstverständlich, der Zweifel bestimmt, das Licht golden und der Abgrund schrecklich. Das ist das Göttliche. Je stärker der Grad an Teilung hingegen ansteigt, desto verworrener wird alles, bis hin zum Zweifel. Es wuchert die Schwäche, doch versteckt sie sich hinter der Eitelkeit. Am Horizont verschwimmt es silbrig- violett, friedlich und schauerlich zugleich. Es ist das Unheimliche.

Und auch in der Kunst gibt es recht eigentlich nur zwei Stile: den klassischen und den romantischen. Der klassische Stil gehorcht dem Göttlichen, während der romantische das Unheimliche reflektiert.

Beide Zustände schließen sich aus und erst die Historie macht es möglich, sie gegeneinander in die Waagschale zu werfen. Dies ist Dialektik im höheren Sinne. Die hierdurch erreichte Zusammenführung beider Zustände in einem Werke führt zur Überwindung des Gegenwärtigen und damit zu dessen Rechtfertigung.

Jedes Ding, das hat zwei Seiten,
Die sich widerstreben meist;
Mag's auch große Not bereiten,
So Du beide an Dich reißt,
Stetig Dich darob zu streiten,
Welche gutes nun verheißt,
Wird dies Freiheit erst bedeuten,
Weil's den Weg zur Größe weist
Und in ungeahnte Weiten,
Wenn Du selber Dir verzeihst!

Steig hinab in Dunkelheiten,
Wo der Höllenhund Dich beißt,
Geh durch hundert Einsamkeiten,
Dass Du vieles besser weißt
Und den vielen and'ren Leuten
Geben kannst von Deinem Geist;
Denn wo jene nur bereuten,
Traun, mein Freund, da warst Du dreist
Und wo diese sich befreiten,
Tatst Du Herrn und Knecht in eins!

Das Göttliche

Spieglein, Spieglein

Spieglein, Spieglein an der Wand,
Wer ist der weiseste Mann im Land?
Sag mir, wer es auf sich hält,
Zu erklären mir den Sinn der Welt!

Spieglein, warum dies Schweigen,
Willst Du nicht den Mann mir zeigen?
Wirfst mir frech mein Bild zurück,
Wie, ist's nun Antwort oder Trick?

Spieglein, hab' Dich fest im Blick,
Weist mir den Weg zu schwerem Geschick!
Sprich doch, kann ich's wagen,
Hab' Kühnheit ich, es zu ertragen?

Spieglein, bin ich verwegen,
Muss ich Dich in Scherben legen!
Sag mir, Spieglein, liebst Du mich?
Liebst Du, folge meinem Wort: zerbrich!

Wanderer in hohen Sphären

Wanderer in hohen Sphären,
Sag, wie sieht der Himmel aus!
Wenn dort keine Wolken wären,
Glaub mir, stieg ich mit hinauf,
Nähm Schmerz und Qual und Leid in Kauf!

Blickst Du in Ferne, siehst andere Sterne,
Hellere Sonnen, tiefere Wonnen?
Hätte ich Kraft, folgte ich gerne;
Kann nicht, kann nicht, Erkenntnis wiegt Tonnen,
Siehst Du, hast schon zu zweifeln begonnen!

Trübt ich Dein Bild vom lichtenen Gotte?
Ich sehe nur Schatten auf grauem Gestein!
Wie? Hört ich da Lachen von goldenem Spotte?
Wanderer, musst wahrlich ein Schaffender sein,
Lachend, schauend auf Gipfeln allein!

Ein Wort für Götter

Aus Überdruss am Weinen
Erfand ich mir das Lachen,
Auf dass mich schifft' ein Nachen,
Wo hell're Sonnen scheinen.

Aus Überfluss am Reinen,
Heit'ren, Schönen und Wachen
Und and'ren sieben Sachen
Tat ich zum Sein das Scheinen.

Nur Mut, Freund, zum schönen Schein!
Gut ist jeder Götterspott,
Der Olympier liebster Wein.

Halte nur den Schein goldrein-
Philosoph, steig auf zum Gott,
Hüll' in Schönheit Dich allein!

Gott der Freude

Freunde, Freunde lasst uns tanzen,
Spotten lachen und verzeih'n,
Lasst uns scherzen mit dem Ganzen,
Uns in Olympos' Sphären reih'n!

Glaubt mir, es kommt alles wieder,
Heut verjüngt sich uns die Welt!
Ewig klingen Deine Lieder,
Gott der Freude, unser Held!

Die heilige Lüge

Oh Welt, wie bist Du denn vollkommen,
Wo's Unvollkommenes nur gibt?
Wie wärst Du je zu dem gekommen,
Der das Vollkommene nur liebt?
Er denkt, sein Aug' wär' ungetrübt!

Alles Große braucht das Kleine-
Tat ein Weiser je so fragen?
Es gibt kein Ding, das steht alleine,
Einerlei darob zu klagen;
Helden darf man's nimmer sagen!

Wie sollte der denn jemals fliegen,
Der nicht nur an sich selber glaubt?
Wie sollt' das Starke je obsiegen,
Wenn man ihm diese Lüge raubt?
Will sich, befiehlt's, erhebt das Haupt!

Balders Tod

Oh Tag, funkelst im Sonnenschein!
Wer kann von glühend' Bergeshöh'n
Ganz unbefleckte Himmel seh'n-
Taufst heut' die Welt auf Wonnesein.

Grausamer Tag, wähnst Dich allein!
Willst nie im Meere untergeh'n,
Wo mancher Sonne Blut so schön
Färbt' auch den letzten Kahn goldrein!

Doch hättest Du's, oh Tag, gedacht,
Du gar lichtend böses Wesen:
Auf leisen Sohlen naht die Nacht.

Sie hat ihr Auge aufgemacht.
Ach könnte ich darin nur lesen!
Mir ist, als hätt' sie grad' gelacht.

Freiheit

Es heißt, der Wille wäre frei
Und er sei stets im Stand zu wählen,
Doch ist dies eitle Schmeichelei:
Der Geist will es dem Fleisch erzählen!

Wie könnt' es solche Freiheit geben,
Da alles ist in jedem Ding?
Es geht ein Wille hin zum Leben:
Auch Dich, Geist, zwingt der ew'ge Ring!

Wo Not und Leid mit ehernd' Ketten
Uns binden an den steten Fluss,
Ist Freiheit, die uns kann erretten,
Zu handeln, wie man handeln muss!

Dichters Wahrheiten

Ich geb' mit aller Sprachgewalt
Den Dingen eigene Gestalt:
Hin zur Wahrheit, hin zur Lüge,
Sicher, dass ich nicht betrüge,
Die Welt nach meinen Wünschen biege?

Glaubst Du fest ans Ding an sich,
Sei auf der Hut und trau mir nicht!
Denn sprech' ich auch von der Idee,
Die ich im Geiste vor mir seh'
Es tönt aus Gründen stets mein Weh!

Wollt' Wahrheit in Versen liegen,
Müsste eines sich verbiegen!
Sag, Wahrheit denn, verbogst Du mich,
Hält Deine Geradheit ewiglich,
Macht ich am End' zum Dichter Dich?

Schönheit

Hin zur reinen Oberfläche
Plätschern in mir alle Bäche:
Ja, der unbefleckte Schein
Gilt mir als das höchste Sein!

Tadelt mich, da ich nicht lache;
Scherzen ist nicht meine Sache!
Drum muss ich in Scherben hau'n,
Was nicht schön ist, anzuschau'n!

Würd' man Phöbus lachen sehen,
Müsst' sein Antlitz bald vergehen!
Holde Form strahlst ewiglich-
Willst Du nicht, so zwing ich Dich!

Aus dem schwärzesten Verzweifeln
Muss mein Inn'res sich verteufeln!
Wo's zur schönen Form hindringt,
Ist's meist Bosheit, die da zwingt!

Das edle Bewusstsein

Nie, niemals, nimmermehr,
Willst Du mich noch so sehr!
Wie könnt ich's ertragen,
Zu Dir „ja" zu sagen?

Spricht welcher der Triebe,
Ist es gar die Liebe?
Wird sie mich besiegen,
Muss ich unterliegen?

Doch spricht das Bewusstsein:
Du halte den Geist rein!
Wir werden erkennen,
Beim Namen sie nennen!

Sie unverhüllt sehen,
Im Lichtmeer aufgehen!
Nur will denn mein Wesen
Im Göttlichen lesen?

Abschied von Nausikaa

Wie könnte ungestüm ich lieben,
Da würdevoll trotz Jugendkraft,
Du Schranken weisest meinen Trieben;
Oh Mädchen, wo der Abgrund klafft!

Wie könnte ohne Maß ich leiden,
Da Deine Anmut sanft mich zwingt:
In Frieden lasse denn uns scheiden
Segnend was das Leben bringt.

Dreimal ich

Als junger Knabe glaubte ich,
Es dreht sich alle Welt um mich.
Doch bin ich jetzo klüger nicht;
So sende mir, oh Geist, Dein Licht!

Der Schmerz in Herz und Dunkel sticht:
Ertrag nun Gottes Angesicht!
Weh! Was da schimmert, schön sich bricht,
Erinnert allzu sehr an mich!

Wenn ohne Maß, doch mit Gewicht
Ein Blinder zu sich selber spricht,
Dann weiß er, Gott ist ewiglich
Und spiegelt gern im Menschen sich!

Das Weib in der Wahrheit

Einst sprach zu mir ein alter Mann:
Jung', höre meine Worte an!
Mein Lebtag lief ich hinter ihr,
Nie schenkte sie Beachtung mir!

Bist du schön, halt' Dich zurück,
Dann trifft Dich bald von selbst ihr Blick.
Bist Du's nicht, musst Du befehlen,
Stets auf Deine Stärke zählen!

Die Wahrheit ist ein eitles Weib
Und lockt mit ewig schönem Leib-
Drum ist es meist der junge Mann,
Den sie zu leicht verführen kann!

Mittag

Hat's zur zwölften Stund' geschlagen,
Würfel fallen; tut wer fragen?
Zur letzten Stunde schlägt es nie,
So will's der Moiren Melodie.

Schlug's jemals denn zur ersten Stund'?
Man sagte mir, die Welt sei rund,
Sie ewig spinnt und ich nicht seh',
Woher sie nahm diese Idee.

Mitternacht

Nochmal schlägt's zur besagten Zeit,
Diesmal gehüllt in Dunkelheit!
Ist aller Anfang dunkel nicht-
Braucht Moira Gott, die Nacht das Licht?

Es zieht mich hin zu jener Welt,
Die reine Kraft zusammenhält!
Sag, Moira, mir: ist Mitternacht
Die Stund', wo's Schicksal wird gemacht?

Ultima Katharsis

Wo einst so schöne Bilder zogen
In heller, klarer Farbenpracht,
Ist jener Schleier nun verflogen,
Der diese Welt erträglich macht.

Wo seid Ihr, lichtende Gestalten
Aus brennend' Äthern ungetrübt
Und wo ist jenes Götterwalten,
Das diesem Sein erst Klarheit
gibt?

Ein Wille braust, Gewalten
prallen
Auf einem Urmeer ungeschaut;
Schon fühl' ich alles überwallen
Und alles Sein in eins gebraut!

Es rauscht mit leidendem Getöse,
Was werdend und vergehend ist,

Was jenseits steht von gut und
böse,
Was nicht erinnert, nicht
vergisst!

Ich wähnt' mich vor zerriss'nem
Scheine,
Zu schauen in der Welt Gesicht,
Ich maßt' mir an, ich sah das
Eine,
Doch mehr als Bilder sah ich
nicht!

Es deucht mich alle Ewigkeit:
Im Augenblick bin ich befreit!
Es scheint mir, dass das
Weltenrad
Unendlich mal gedreht sich hat!

Es kommt ein jedes Ding so oft
Und trifft uns dennoch
unverhofft;
Wahrheit, Freiheit,
Schicksalsbund,
Wir tun Dir unser Schicksal
kund!

Gewonnen heißt gut reflektiert,
Auch wenn ganz faktisch man
verliert-
Es bleibt der Held sich selber
treu,
Trennt so den Weizen und die
Spreu.

Mag alles sein vorherbestimmt,
Mir's doch nicht meine Freiheit
nimmt;
Es bergen Grenzen manches
Glück,
Heraus, herein dreht sich's
Geschick!

Manch' Ding wächst über sich
hinaus,
Erkennender, heran zum
Schmaus!
Mit mäßig gutem Appetit
Am Ende Großes noch sieht.

Wenn alles auseinander strebt,
Erhellt erfüllt als gut gelebt;
Wenn Größe unvergänglich ist,
An Gottes Recht Dein Tun sich
misst.

Weltenlied

Stehst vor mir, große Ewigkeit,
Umklammerst mich mit erz'nem Griff,
In Deiner immer während' Zeit
Bist Gott Du mir und Segelschiff.

Willst Du Dich in Deinen Welten
Und legst in Dunkel Macht hinein,
Kann nur ein Gesetz denn gelten:
Schicksal, das muss Größe sein!

Über die Wahrheit

Oh Wahrheit, hehr und transzendent,
Nur Du verbürgst gelung'nes End',
Doch musst Du anfangs sein präsent
Und dem gereichen, der Dich nennt.

Wir nehmen's hin, sei subjektiv,
Nur steh' geschlossen und sei tief-
Bist gleich Du allen, liegt wer schief,
Gehorchst dem, der am laut'sten rief.

Wer frei ist und was auf sich hält,
Sucht Wahrheit unter'm Sternenzelt,
Sie lernend am Gesetz der Welt-
Sich täuschend nicht- wie's ihn anfällt.

Die Lüge schleicht, die Wahrheit springt,
Gebückt geht erst're, zweit're ringt,
Ihr stolzes Lied noch lange klingt,
Gerechten Kampf und Frieden bringt.

Es schert uns alle Wirklichkeit,
Solang' durch wahres sie befreit;
Es ziemt sich nur die Einsamkeit,
Wo jene Pflanz' sonst nicht gedeiht.

Im Äther leuchtest Du einher,
Doch wehe, wenn nicht folgenschwer-
So kümm're uns zu wissen sehr,
Es gelte fühlen uns noch mehr!

Appolon

Ein Gott, so stolz wie ein Feder,
Die sich dem Ewigen nur beugt,
Erklärter Feind des Wortes „jeder",
Das aus der Höhe er beäugt!

Er lässt die große Ordnung walten,
Die holdem Schleierfall entspringt,
Denn Maß und Anmut wir erhalten,
Wo er mit seiner Laute singt!

Verweg'ner Pfeil, musst Du teilen,
Das Sein in tausend Stücke hau'n?
Doch wird er durch Gesetz uns heilen,
Das wir die Größe Gottes schau'n!

Dionysos

Weh' Dir, wenn die Schleier fallen!
Oh, bist Du, Welt, nicht ohne nichts?
Es muss aus Gründen höhnisch schallen
Der Spott des Sonn- und Sternenlichts!

Es dröhnt aus einem dunklen Meere:
Hinfort die Macht, ich will Gewalt,
Der jener Schleier nicht erwehre,
Wohlan, ich will die Eingestalt!

So will's auch hier zum einen Wesen,
Aus dessen Willen es entsprang;
Ich möcht' in Licht und Schatten lesen,
Es gilt mir Ordnung Untergang!

Wotans Traum

Es schickt mir der Gott einen Traum,
Der hing neuen Nächte lang am Baum
Und als er niederfiel auf Erden
Große Einsicht fand ins Werden.

Dem Untier stahl er das Getränk,
Das Göttern ew'ges Leben schenkt-
Wenn alles muss zugrunde geh'n,
Was hindert's, wiederzuersteh'n?

Er spürt' den Lebensfunken kaum,
Als er neun Nächte hing am Baum;
Es steigt in seinem Erdenfall
Noch über sich das große All!

Flucht in die Höhe

Aus Überdruss an kleinen Sachen,
Die ich nur verschwommen seh'
Und sich stößt mein kleiner Zeh,
Erfand ich mir das Größermachen.

Geschah's aus Faulheit, müsst' ich lachen-
Steigt die Höhe, steigt das Weh,
Je vais seul et à mon gré-
Der Flamm' ein Feuer anzumachen!

Wer spricht: „Der Fliegende muss fallen!",
Fühlt die Größe Gottes nicht,
Die Heldenmut lässt überwallen.

Neunmal stieg ich zu gold'nen Hallen,
Sah mir selbst noch ins Gesicht-
Doch muss die Glock' zehnmal erschallen!

Gipfelstürmer

Diese Steigung, diese Höhe,
Dann find' ich Zufriedenheit;
Dies ist meine letzte Mühe,
Meine letzte Einsamkeit!

Ist der Gipfel dann erklommen
Und das Herz für kurz erquickt,
Hab' in Ferne schon
verschwommen
Ich ein neues Glück erblickt!

War die Brust nah dem
Zerspringen
Und die Muskeln schmerzen
noch;
Hört' ich nunmehr auf zu ringen,
Fiel' ich in ein tiefes Loch!

Leid und Lust so dicht beinander
Zoll' dem Leben ich Tribut-
Stets in neue Höh'n ich wander'
Und mit stetig neuem Mut!

Deucht es mich ein arges
Schicksal,
Leblos, blass und starr zu sein;
Wohin führt Euch Euer Trübsal?
Ach, wie bin ich gern allein!

Soll der Schmerz nur größer
werden,
Denn mit Freude geizt es nicht;
Ewig schreite ich auf Erden
Unter'm Sonn- und Sternenlicht!

Geht der Weg auch weit nach
oben,
Sogar Flügel brechen Bahn,
Jenseits gibt es nicht da drobe,
Frieden nicht, nur neuen Wahn!

Wollt Ihr denn am Fels
zerschellen,
Habt ihr gutes Schuhwerk nicht,
Wollt Ihr die Natur verstellen,
Weil's an Stärke Euch gebricht?

Lockt Ihr mich mit sanften
Rufen:
„Komm in unser schönes Tal!",
Wachsen mir noch Pferdehufen,
Flügel auch, mit einem Mal!

Hör das Echo Eurer Stimmen-
Bin ich noch nicht weit genug?
Konnt' ich Euch noch nicht
entrinnen,
Fehlt mir noch der Höhenflug!

Hohe Minne

Mein Herz, ich möchte fern Dir bleiben
Und zwingt uns auch Mutter Natur
Zu physisch angenährtem Treiben,
Den richt'gen Abstand ich uns schwur.

Wer manche Grenzen überschreitet,
Find' nicht mehr zu sich selbst zurück,
Wen allzu stark' Verlangen leitet,
Nur kurz währt dessen Liebesglück.

Wie woll'n wir jene Kraft einteilen?
Du lächelst nur und siehst mich nicht.
Woll'n kurz nun oder lang wir weilen?
Wer fühlt, dem fehlt solch eitle Sicht.

So fügen wir uns höh'rem Walten,
Vertrau'n drauf, Götter seh'n uns zu;
Erzwungen nenn' ich solch Verhalten,
Ein liebend' Herz will keine Ruh!

Wofern wir so verschieden scheinen,
Trifft alles in der Mitte sich:
Mit Frohsinn woll'n wir uns vereinen,
Mit heit'rer Anmut küsst Du mich.

Unhold, wie sollt' ich Dir bangen,
Der Du kommst von draußen rein?
In mir wüten wilde Schlangen-
Unhold bin ich mir allein!

Hab' die Welt ich recht geachtet,
Da mir frommt nur harter Schluss?
Bin mit Wahrheit ich umnachtet,
Was ich will und was ich muss?

Bei den Hintergründigkeiten
Üb' mit Stolz ich bösen Blick
Trauend weder Mensch noch Zeiten,
Sie zu Tod und Teufel schick'.

In mir ruhend noch begehren,
Heiß ich meine große Kunst-
Will das Horn zur Gänz' nicht leeren,
Mir bewahren heil'gen Dunst.

Seh' ich, dass dies Fabulieren
Folgt aus einem dumpfen Trieb,
Ging ich gern auf allen Vieren,
Trüg' im Herzen Mutterlieb'.

Ist die Welt doch sehr verschieden
In den Spiegeln anzuseh'n,
Hab' mit Freude ich gemieden,
Einen einz'gen Weg zu geh'n.

Die schönste Zeit des Jahres

Wo reif die Frucht am Baume prangt
Und ihren Nektar kaum mehr hält,
Wo man mit Hitz' und Kält' nicht zankt,
Ist vom Herbst geziert die Welt.

Soll die Sonn' ihr Bestes geben,
Mag's auch nicht ihr Wärmstes sein,
Mit Gold umschleiern dieses Leben-
Heut' erlöst sie uns im Schein!

Wird die Frucht auch einstmals brechen,
Wird der Schleier auch vergehen,
Denk an dieses hold' Versprechen,
Dass den Herbst magst wiedersehen!

Muss die Welt im Eise starren
Und mit Dürre drauf sich plagen,
Lange so gequält verharren,
Bis sie Herbstesfrucht wird tragen!

Welch Gnade ist's, dass wir nicht sehen
Die Not, aus der Schönheit entsteht!
Im gold'nen Herbst, da bleibet stehen
Das Leid, um das die Welt sich dreht!

Persephone

Hehrer Frühling, musst nun ziehen,
Schwinden wird Die gold'nes Lachen,
Musst vom Erdenrund entfliehen,
Wenn der Winter wird erwachen!

Ceres' Antlitz soll verfallen,
Nun die holde Tochter leidet,
Schmachten muss in dunklen Hallen,
Da der Tod sich an ihr weidet!

Willst Du Dich nach Kräften wehren,
Dass Dein Mut die Götter freue,
Deinen Lebensbecher leeren?
Auch mit Recht kommst Du auf's neue!

Ich weiß viel, doch alles besser
Von Weg und Ziel, von Schwert
und Messer;
Wär' ich denn nicht so
bescheiden,
Bät' ich mit mir mitzuleiden.

Ob ich einstmals es erlerne:
Tanzen nach der Art der Sterne?
Ob ich noch aus Langeweile
Dreifach selber mich aufteile?

Schwimmend durch die eis'gen
Meere-
Sein und Nichts und Maß und
Leere.
Wer da träumte, dass der Stoff
Einst aus Ymirs Leibe troff?

Wer da träumt vom ersten
Schöpfer,
Deucht mich aus der Zunft der
Töpfer!
Welcher Grad an Abstraktion
Gilt Dir als gerechter Lohn?

Willst Du hohe Türme bauen,
Musst Du ferne Sonnen schauen!
Es folgt aus Größe und
Geschick,
Wie weit zu schätzen ist der
Blick!

Bist Du klein, so musst Du
wählen,
Handeln, schachern, feilschen,
hehlen;
Spürst Du's aus dem Innern
drängen,
Unterwerf' Dich Deinen
Zwängen!

Traun, als Grenz' die eigne
Grenze
Lebst Dein Leben Du in Gänze!
Fühle wie Zeit Deines Lebens
Mit dem Nichts Du ringst
vergebens!

Wär' mir Hoffnung nicht
zuwider,
Säng' für Christ ich meine
Lieder-
Ein feiner Sinn für Melodie
Unterscheidet dass und wie.

Ich möchte Gott im Herzen
tragen,
Gutes kann ich von ihm sagen:
Er ist der Geist in meiner Welt,
Durch's ein und and're sie
erhellt.

Die Venusfalle

In der Liebe's übertreiben,
Hieße das nicht, treu zu bleiben?
Zuviel davon ist doch zu wenig-
Wer ist unter Weibern König?

Zu einfach wär's, nicht einmal neu,
Wänd' ich's, ich bleib der Liebe treu:
So laufe, Bock, ihr hurtig nach,
Es führt die Spur ins Frau'ngemach!

All' die schönen Ideale,
Schwinden sie mit einem Male?
In froh- vergess'ner Frauenschar
Sei Deiner Einsamkeit gewahr!

Hehr und mannhaft sollst Du streiten,
Lass Dich nicht vom Weibe leiten!
Hehr und mannhaft sollst Du gelten,
Dass die Frauen Dich nicht schelten!

Du wirfst mich auf mich selbst zurück
Und zwingst mich noch zu meinem Glück!
Fast selbstlos deucht mich die Manier,
Wofern Du opferst Dich dafür!

Böcke, die sich eitel schmeicheln,
Lügen ihre Seele streicheln-
Zwing, Weib, mich wahrhaft stark zu sein,
Göttin, ach, so bin ich Dein!

Der Held Iason

Mit Männern gleichen Rangs Dich griff
Der Mut, zu zieh'n auf stolzem Schiff,
Da Kronions Wink in Fernen wies,
Zu suchen dort das gold'ne Vlies!

Du scheutest weder Kampf noch List,
An Gut und Bös Dein Tun sich mißt-
Des Weib's Verrat und Brudermord
Muss Schicksal sein Dir immerfort!

Fandst Eilande im Wüstenreich
Mit gold'nen Äpfeln, Weibern bleich:
So nimm auf Gottes Weisung Dir,
Was Deinem stolzen Stand gebühr'!

Der größte Held will zweierlei,
Die besten Menschen wandeln frei
Und fandst Du auch durch's Weib den Tod,
Voll war Dein Leib, groß Deine Not!

Teufels Werk und Zweifels Wert

Wie oft ich in den Spiegel sah
Und fand mein Bildnis wunderbar!
Wie oft im Geist ich auf mich blickt',
Ich muss gesteh'n, ich ward entzückt!

Tät' es dazu nur gereichen,
Jenen Zweifel auszugleichen,
Der mit teuflischem Verlangen,
Stets mich zwingt, neu anzufangen!

Spiegel macht er gern zu Scherben,
Lichtend Bilder schwarz sich färben
Und mit höhnisch- feistem Lachen
Spricht, er wollt's nur besser machen!

Teufel bringen meist Dämonen,
Lassen dreist sich noch entlohnen:
So zweifle ich an Deinem Wert,
Zumindest doch mein Hass Dich ehrt!

Zwingt Dein neblig-frost'ger Rigen,
Mich in manche Höh' zu steigen?
Wenn sich Trägheit böse scheltet,
Auf, mit Lachen, ihr's vergeltet!

Zuletzt, wär' kalte Perfektion
Der ganzen Müh' gerechter Lohn?
Wer was bess'res wollte wagen,
Müsste der den Teufel fragen?

Ein altes Blatt

Wohlgemut und ungebrochen
Leg ich Hand an diese Welt,
Kommt ein Greis daher gekrochen,
Er als Beute mir gefällt!

Ich seh's denn als Jugendsünde,
Dass ich nicht vor'm Krückstock knie,
Kommt seit alters her vom Kinde
Doch die schönste Melodie!

Wahrheit schlägt stets auf den Magen,
Was sich leicht verdaut ist schlecht,
Drum will unverblümt ich fragen:
Schert sich was um's Holz der Specht?

Nichts bleibt ewig beieinander,
Fleisch und Sitten werden schwach,
Ordnung wird zu Durcheinander,
Was einst tief war, klug und flach.

Faselt Ihr Euch noch um's Sterben,
Zweifelt Ihr an Werk und Wert?
Habt Vertrau'n zu einem Erben,
Der das Gute an Euch ehrt!

Berechtigter Zweifel

Mit mir selbst in stet'gem Bruch
Lebe ich den Widerspruch.
Offenherzig-abgeklärt
Weiß ich, dass nichts ewig währt.

Was mir gestern Grenze galt,
Deucht mich heut' bekannt und
alt;
So ich in den Spiegel blick',
Scheint mir einsam mein
Geschick.

Wo ich keine Freund find',
Zeug' ich mir mein eig'nes Kind:
Wer ist dreist und doch nicht
doof
Und dabei noch Philosoph?

Was ich zu mir selber sag',
Stelle ich sogleich in Frag';

Der das Feuer knistern hört,
Tausendmal auf's Leben
schwört.

Hab ich ein gebroch'nes Herz,
Stille Lust, oh meinen Schmerz,
Dass nichts nehme Überhand,
Doch erst recht nicht der
Verstand!

Exerzier' an Deinem Werk
Schulend stets Dein Augenmerk:
Was verbindet groß und klein?
Immer klarer muss es sein!

Steh' ich einst vor jener Pfort',
Die da führt zum letzten Ort,
Ich am Zweifel mich entzück',
Sie mit gold'nem Siegel
schmück'!

Das ganze und das halbe Leben

Wollte gerne ich vergeben,
Wo immer es an Einsicht fehlt,
Leise kichernd fragt mich's Leben:
Hab ich mich nicht gut verhehlt?

Doch für jene tiefe Gnade
Zollt Ihr nicht den rechten Dank,
Macht's nicht schlimmer, macht's nur fade,
Macht das Leben selbst noch krank!

Schafft ein Gott nach seinem Bilde
Diese wunderbare Welt,
Staunt darob nicht, noch der Milde,
Hüpft herum, wie' grad' gefällt!

Stets trifft das beschränkte Leben
Denn die strengste Pflicht zum Maß;
Es gilt allzu großes Streben
Mehr vor Gott als kleiner Spaß!

Ist dies Eure kleine Rache,
Nur weil's kleineres noch gibt?
„Lieber", sprich der Lebensdrache
„Ganz gehasst als halb geliebt!".

Menschlein

Wer nicht lernte, nein zu sagen,
Nein, der lernte Freiheit nicht,
Stets gebeut es ihm, zu zagen,
Wenn er von sich selber spricht.

Schöpft er daraus seine Freude,
Dass er and`ren nur gereicht,
Recht geschieht`s ihm, dass er leide,
Dass er bückt sich, kriecht und schleicht!

Doch er nimmt sich allzu wichtig,
Mit der Zunge schnalzt er gern:
Seht, sein ganzes Tun ist richtig,
Jeder kennt ihn, nah und fern!

Der nur an sich selber dachte,
Traun, der fühlte wenig mit,
Wenn ihn dies auch schlechter machte,
Niemand seinen Neid erlitt!

Wahrheit sei Gott ganz zu eigen,
Nur gestatt` mir meinen Teil,
Mach zu Mut`gen noch die Feigen,
Zeig den rechten Weg zum Heil!

Mit göttlicher Hand

Tausend Tage, tausend Mühen
Und die Heide will nicht blühen,
Doch nach einer einz'gen Nacht
Zeigt sich ihre ganze Pracht!

Siehst Du, wie Herakles verfuhr,
Kommst Du, mein Freund, ins Staunen nur!
Woher nimmt er diese Kraft,
Die so schnell solch' Werke schafft?

Blickst auf Deine krummen Hände,
Die ihm ähneln, dem Gelände!
In die Wiege ist's gelegt,
Wer des Augias' Ställe fegt!

Eisen steigen, Flügel fliegen,
Lange dauert's, sie zu kriegen-
Wahre Größe dort gedeiht,
Wo ein Gott die Hände leiht!

Der Zeus von Dodona

Er schwingt den mächt'gen Donnerkeil
Bewahrend dennoch die Balance,
Que son visage réflète la chance,
Wird er den Göttern noch zum Heil!

So lehre uns das große Seil,
Auf dem zu geh'n in Contenance
Temoigne de la bonne vaillance:
Der Sonne hinterher nicht eil'!

Ersinnend ganz den Lauf der Dinge
Il donne clairement préférence
Was Ehre, Ruhm und Macht ihm bringe!

In Freiheit er den Keil schwinge
Et où le grand eclair il lance
Die Welt in seine Bahn er zwinge!

Das große Seinmaleins

Zuerst ist eins allein mit nichts
Unfassbar und doch ewiglich,
Bis dass es auseinanderbricht
Und Teilung schließet aus das Nichts!
Doch was geschieht? Nun schließt es ein,
Man spricht zum ersten Mal vom Sein!
Und der, der diese Welt gebaut,
Im Spiegel nun sein Antlitz schaut.
Ich ahn', ich ahn', ich fühl' es mehr,
Es schreitet schon der Mensch einher!
Entscheide frei nach Deinem Sinn,
Wo fällt Deine Liebe hin?
Ist es Gott, schaust Du das Tor,
Das zum Himmel führt empor.
So zeigt denn unter'm Sternenzelt
Dem Weisen sich die ganze Welt!
Gefangener auf Bergeshöh'n,
Vermagst dem Spiel nur zuzuseh'n!
Wohlan, dann sei die Eingestalt
Und wandle Macht sich in Gewalt!
Nun starrt sie als Idee im Eis,
Sich allzu sehr vollkommen weiß.
Das Schicksal wird von Gott gemacht,
Er ist das Licht bei Tag und Nacht!

Genesung

Ich erstand aus Krankheit eben
Und gewann ein neues Leben,
Endlich kehrt die Kraft zurück,
Welche Freude, welches Glück!

Wäre da nicht jene Frage,
Die ich kaum zu stellen wage:
Was ich insgesamt verlor,
Bin ich schwächer als zuvor?

In des Lebens ew'gem Gange
Bleibt nicht stetig rot die Wange;
Pflanzen, Tiere, Mann und Frau
Werden alle einmal grau!

Was sich da in mir entzündet',
Nun den rechten Raum es findet?
Wie der Mensch durch's Leben eilt,
So sich seine Kraft verteilt.

Schweige, schweige und genese,
Nicht zu sehr im Werden lese:
Wer denn wahrhaft leben kann,
Der ist stark von Anfang an!

Dame und König

Eitle, willst Du dass ein jeder
Nach Dir wende seinen Blick?
Stolz wie eine Pfauenfeder
Allzu tückisch lockt Dein Glück!

Wohin führt dieses Versprechen?
Wie ein eisig-blauer Schild
Lässt es jenen Mann zerbrechen,
Dem's mehr als sein eig'nes gilt!

So ich nur zu Größ'rem tauge,
Ach, wie folgtest Du mir gern!
Was scheint groß in Deinem Auge,
Sahst Du mich von nah, von fern?

Und Du willst mich klar umrissen
Funkeln seh'n in stolzem Schein,
Gut gewappnet mit dem Wissen,
Welches nimmer Dein darf sein!

Wo sich meh're Welten finden,
Magst sogleich Du Ordnung schau',
Scherst Dich nicht um's Überwinden,
Sprichst, die Trepp' müsst' ich schon bau'n!

Such die Grenze denn im Weibe,
Übersteigen wirst Du's nicht,
Doch der König treu sich bleibe,
Dass sein zartes Herz ihm bricht!

Kurze Zeit der Erfüllung

Oh Herbst, in Deiner kurzen Blüte,
Welch' gold'ne Lockenpracht Dir steht,
Wie grausam bist Du von Gemüte,
Dass Dir dies Lächeln bald vergeht!

Du ähnelst jenen Frühlingskindern
Mit diesem herzzerreißend' Zug:
Am Tod mocht' Schönheit sie nicht hindern!
Was galten ihnen Heim und Pflug?

Vergeben sollst Du denn dem Weibe,
Dass zaudernd' es Bewund'rung übt,
Am Herde munter treu sich bleibe
Und aus der Ferne Dich nur liebt!

Doch ziemt es Dir nicht, zu verzagen,
Es währt die Einsamkeit nicht lang,
Schon bald musst letzten Stich Du wagen-
Such Heil Dir im Untergang!

Wo solltest Rang und Platz sonst haben?
Die Krone Dir allein gebührt!
Vernimmst Du schon das Schrei'n der Raben?
Mit letztem Glanze es Dich ziert!

Auf Erden bist Du schnell gefallen,
Es hallt Dein Ruf noch lange nach,
Die Kund' von Dir in gold'nen Hallen
Erreicht noch manches Frau'ngemach!

Heldenklage

Erhebe, oh Heros, die Stimme zur Klage,
Verwehre, oh Gott, nicht dem Leidendem Größe!
Sein flackerndes Bild auf dem ewigen Kreise,
Dass er uns den Weg zur Göttlichkeit weise!

Wenn leuchten die Welten in strahlendem Scheine,
Dann nahen die Männer, zu deuten das Eine-
Es zechen in Hallen, in gold'nen, die Götter,
Wer könnt's Euch verargen, Ihr schuldlosen Spötter?

Nun leben die Helden in dauerndem Schmerze
Und quäl'n sich die Leiber mit blutigem Erze,
Die Kleinlinge neiden, die Schwachen, die Krummen,
Es scher'n sich den Teufel und blinzeln die Dummen!

Doch haltet ihn edel Ihr Großen und Weisen
Und merkt Euch die Formel, wie Gold wird aus Eisen-
Man könnt' aus ihm schließen, dass Sein hätte Ziele:
Ein Gott unter Göttern in göttlichem Spiele!

Der Wolf im Heiligtum

Weh, bricht der Wolf ins Heiligtum,
So bringet's zweifelhaften Ruhm:
Erschüttert, was geordnet schien,
Was Glück uns hatte einst verlieh'n!

Was gilt uns nun Vergangenheit?
Gar allzu hart bedrückt das Leid!
Geknechtet unter'm Joche geh'n,
Notwendigkeit Spalier zu steh'n!

Vergolt's dem Loki seine Tat,
Die Zeiten er in Ketten starrt!
Titan, Dich ew'ge Fessel zwingt,
Da Kronions Zorn auf Dich eindringt!

Doch sollt Ihr halten Euer Wort,
Zerstören Balders heil'gen Hort,
Beherrschen mit Tyrannenhand,
Was ebenso Euch widerstand!

Wie ist nun, Dike, Dein Gebot,
Wo Raum für Rechtes in der Not?
Da finden sich solch' Kläger zwei,
Des Menschen Richtspruch sinkt zum Schrei!

Der Gegensatz birgt meist Gewalt,
Die Gleichheit freiere Gestalt-
Und bist Du, Wolf, auch unser Feind,
Zum Teufel geh', wer Dich verneint!

Wie schaffen?

Sag mir, kommt das Originelle
Hin zu mir so auf die Schnelle
Oder braucht es seine Zeit,
Bis dass die Frucht am Baume reift?

Und macht der Gott aus der Maschine
Gute oder böse Miene
Zu dem was mir gilt als Spiel?
Schwing' Dich auf, bestimm' das Ziel!

Schildmaid

Es spielt in mannigfachen Streichen
Der Gott so viele Melodien,
Wo Phoebus' Sonnenstrahl'n nicht reichen,
Strömt alles Sein zum Einen hin.

In Ewigkeit ist nichts verloren,
Doch fest im Auge des Titans,
Hat mir Erkenntnis einst geschworen,
Geliebte nicht zu sein des Wahns!

Ich zeugt' dies Kind mit keinem Weibe-
Schmerz der Geburt, zerbrachst mein Haupt!
Drum will ich dass sie keusch auch bleibe,
Ertrüg' es nie, wenn man sie raubt'!

Es trägt die Maid in hohem Busen
Ein laut'res, reines, schönes Herz-
Ich küsst' so viele schon der Musen,
Mit dieser führ' ich hart das Erz!

Bekenntnis

Ich fühl' in meinem Busen reifen
Ein stärk'res, härt'es, fest'res Ich,
Will so nach Höherem noch greifen,
Mich selber machen ewiglich.

Dem Zeit'gen möcht' ich nicht entsagen,
Da jede Freude zeitig ist,
Doch zeitig sind auch alle Plagen
Und was mir sonst am Herzen frisst.

Mit Freude will ich Großes halten:
Es macht die Welt erträglich mir,
Dass um sie meine Götter walten,
Mein Werk sei meiner Götter Zier!

Ich stehe fest zu höh'ren Dingen
Und seh' darin den höchsten Wert,
Den Stoff mit Geist recht zu durchdringen
Wie es der Gott uns selber lehrt.

An den Höchsten

Steig hinab von Deinem Throne
Freien Schritt's, ganz ohne Zwang
Und empfang' dafür zum Lohne
Grillenlied und Vogelsang!

Freund, Dir sei der Himmel Krone,
Denn es gab ein Gott Dir Rang
Vor dem Volke, das bewohne
Länder, Meer und Bergeshang!

Gib zum Zeichen Deiner Gnade,
Dass ein neuer Anfang ist
Und sich auftun neue Pfade!

In dem großen Weltenrade
Schwung und Hoffnung Du uns bist:
Blitz und Donner sich entlade!

Über diese Welt

Über diese Welt zu dichten,
Will sagen, über sie zu richten:
So sollte oder müsst' es sein,
Hör' aus mir ich laut schon schrei'n!

Über diese Welt zu schreiben,
Soll in der Feder steckenbleiben,
Wenn ich nicht nach dem Recht entscheid',
Des mir Gott Erkenntnis leiht!

Über diese Welt zu denken,
Heißt sich nach hinten zu verrenken,
Doch zieht es mich nach vorne hin,
Wie und wo ich Dichter bin!

An die Wahrheit

Wahrheit, Du machst mich verlegen:
Kamst Du so herab zu mir
Oder sucht' auf allen Stegen
Ich das Gotteselixir?

Sag, wie soll ich Dir begegnen,
Jugendlich und voller Drang;
Soll als reifer Mann ich segnen,
Dass ich Deine Gunst erlang'?

Werd' ich Dich im Staube finden
Angesicht zu Angesicht,
Tust um Bäume Du Dich winden
Auf Verführung ganz erpicht?

Oder willst verführt Du werden
Durch die laut're, schöne Red',
Dass nach and'rem Weib auf Erden
Niemals denn der Sinn mir steht?

Wie's auch steht um das Verführen
Oder um die Plackerei,
Sollte dies nur Dir gebühren,
Dass ich von mir selbst werd' frei?

Willst Du nicht zu mir mich führen?
Wäre dort Dein trautes Heim,
Könnt' ich mich in Dir verlieren,
Wahrheit, ach, ich würde Dein!

Im Dschungel

Dicht ist das Blattwerk, das
feindliche Grün
Stößt mich von sich weg, zieht
mich zu sich hin
Tief in den Dschungel, der feucht
in sich ruht,
Der atmet so schwer mit
giftgrünem Blut!

Es zittert die Luft, die Sonne
brennt heiß,
Schwer fällt das Geh'n, von der
Stirn tropft der Schweiß,
Kreischen im Dickicht dringt
dumpf an mein Ohr,
Macht mir kurz bewusst, dass ich
mich verlor!

Wo ist der Tiger? Sein prächtiges
Fell
Hält mich bei Sinnen, es leuchtet
so hell!
Wo ist das Raubtier, geschmeidig
und schön
In tiefem Dschungel? So lass
mich es seh'n!

Du schickst mir die Schlange,
listig und still,
Verschlagen und giftig, da ich
Dich will!
Fort ist die Hoffnung, bitter was
bleibt,
Kalt ist die Wut, die nun
vorwärts mich treibt!

Wanderer, Wanderer, zischt's in
mein Ohr,
So wahr ich nicht schön bin, sei
Du kein Tor!
Die Götter der Wildnis kennen
kein Ziel,
Zerschmetter Dein Bildnis, es ist
ein Spiel!

Zur letzten Erkenntnis spring wie
die Katz'
Auf samtweichen Pfoten mit
einem Satz,
Werde zum Tiger, willst Du
einen seh'n,
Suchst Du wahrhaftig, so muss
es gescheh'n!

Ich lehne am Baume, still steht
die Zeit
Und frage benommen: Ist es
noch weit?
Da brüllt's in der Ferne hinter
dem Fluss,
Der speist diesen Dschungel,
stillt meine Lust.

Tritt an das Ufer, bist Du bereit
Zur letzten Erkenntnis? Es ist
nun Zeit!
Die Wasser, sie funkeln im
Sonnenschein,
Mir brüllt's im Herzen, so tauche
ich ein!

Das gerechte Urteil

Nimm die Waage, um zu messen,
Was den Dingen ganz gereicht
Zu dem Wohlgefallen dessen,
Der die Waage hat geeicht!

Messe frei von allen Zwängen,
Mess‘ die Zwänge selber noch,
Lass von keiner Macht Dich
drängen,
Auch das Maß sei Dir nicht
Joch!

Nimm das Schwert, um zu
entscheiden,
Was gerecht und weise ist;
Scher Dich nicht um die, die
leiden
Und die Glücklichen vergiss!

Spreche frei von Lob und Tadel,
Tu es nicht den Priestern gleich-
Unterscheide Volk und Adel
Nicht danach, ob arm, ob reich!

Gebe viel dem Übermäß‘gen,
Halte kurz den kleinen Mann,
Zügle kraftvoll den Gefräß‘gen-
Leg verschied‘ne Maße an!

Was die Leute von Dir denken,
Sei für Dich nur interessant,
Was Du gibst, darfst Du nicht
schenken,
Denn am Schluss wirst Du
erkannt.

Wo des Menschen Regeln
walten,
Fordere Dein hoher Spruch,
Sich zumeist daran zu halten,
Denn zu schwer wiegt erst der
Bruch!

Liegt, Justitia, Dein Wesen
In der innersten Natur,
Ist‘s gerecht, dass drin zu lesen,
Wenige vermögen nur!

Vorabend der Götterdämmerung

Ich sah heut' Nacht der Sterne Pracht
Ein letztes Mal am Firmament,
Denn Midgard wie's ein jeder kennt
Ist nicht für Ewigkeit gemacht.

Hörst Du, wie der Fenriz lacht?
Will dass man seinen Namen nennt,
Verschlingen Sonn' und Mond am End',
Doch noch sind Asen auf der Wacht.

Besser ist's im Kampf zu fallen
Und ewig sind die Welten doch,
Immer gibt es gold'ne Hallen.

Helden lachen, ich hör's schallen,
Wo Furcht ist, ist kein Ruhm, ist Loch:
Wolf, so zeig uns Deine Krallen!

Mir war, als hätte die Vernunft
In meinem Herz nicht
Unterkunft;
Tapferkeit galt mir als Tugend,
Kühnheit als Ideal der Jugend!

Doch zu meinem Ärgernisse
Seh' ich schon die ersten Risse
Und nicht nur in der Gegenwart,
Das macht es so besonders hart!

Es wird mir die Vergangenheit
Allmählich nun zu Wirklichkeit,
Die, die zum Mythos erst
entrückt
Des Tags zuvor mich noch
entzückt`!

Drum stell' ich an diesem Tage
Gar mein eig'nes Ich in Frage
Und mein inn'res Wesen leidet
An dem, was mich unterscheidet!

Wie behalt' in der Misere
Ich ein Quäntchen noch von
Ehre,
Dass vom Glanz der
Himmelsscheibe

Nicht der Stoff zurück nur
bleibe?

Ist es nicht der Lauf der Dinge,
Dass auch dies zugrunde ginge
Und der freie Geist
könnt' walten
Mit rein physischen Gestalten?

Was ist frei in meinem Hirne
Und was lenken die Gestirne?
Was war groß in meinem Herzen,
Was die Folge nur von
Schmerzen?

Soll nun immer ich beflissen,
Streben nur zu mehr'n mein
Wissen
Über mich und and're Leute,
Übers Gestern, übers Heute?

Käm' die Kunst denn nur vom
Können,
Mit dem Handwerk wir
begönnen?
Gegenüber diesen Fragen
Zählt zuerst „ich will" zu sagen!

Ach, wie möcht' ich gern ergründen,
Was uns treibt bei uns'rem Tun
Und dann wieder zwingt, zu ruh'n,
Was das Feuer tut entzünden!

Tät' ich doch ein Ding nur finden,
Gegen Zweifel ganz immun,
Fernab noch von Ei und Huhn!
Was gilt's da, zu überwinden?

Willst das höchste Ding Du sehen,
Ist's mit einem Wort getan:
Gott erschuf alles Geschehen!

Musst Du hier noch weitergehen,
Stürz' beherzt Dich in den Wahn-
Wen er will, wird er erhöhen!

Der Alte

Alter, Dein gestrenger Blick
Wirft so plötzlich mich zurück
Auf den Schlag um dreißig Jahr',
Als ich noch ein Knabe war!

Und die Furchen auf der Stirn
Künden mir, Du trägst im Hirn,
Das, was jung ein Gott nur hat-
Dir das Alter es gestatt'!

Drum reicht's, dass Du rüstig bist,
Mit Dir Jugendkraft sich misst,
Sie in ihre Schranken weist,
Stark im Arm und stark im Geist!

Von dem jugendlichen Geck
Bist Du, Alter, so weit weg
Wie vom tatterigen Greis,
Der sich nicht zu helfen weiß!

Alter, zur Vollkommenheit
Ist der Weg für Dich nicht weit,
Darum schreite uns voran
Auf des Renners schneller Bahn!

Der Stern

Ein Stern fällt vom Himmel in finsterer Nacht,
Verwandelt das Dunkel in gleißendes Licht,
Den Rappen zum Schimmel- sag hätt'st Du gedacht,
Dass plötzlich sich ändert der Dinge Gesicht?

Verbunden sind die Zeiten im weiten All,
Die Sonnen und Sphären, so nah und so fern
In dem einen Moment auf dem Erdenball,
Da das Licht kommt von oben- preiset den Herrn!

Nun bist Du geblendet, zuvor warst Du blind
Für die unermessliche Größe des Seins;
Schon denkst Du, es endet, wo es neu beginnt,
Doch fürchte Dich nicht, denn mit Gott wirst Du eins!

Drum suche, oh Mensch, im Kleinen nicht Halt
Wie ein Seemann in Not am Trumm jenes Kahns,
Der eben zerbarst in des Sturmes Gewalt
Gleich Splittern von Fels in der Faust des Titans!

Ergeh' Dich im Großen, wenn es Dich berührt,
Zu kurz ist das Leben, zu selten sein Fall,
Als dass der vertraut dabei etwas verliert,
Das wert wär' des Worts vom Olymp bis Walhall!

Erleuchte, oh Stern, uns die finstere Nacht
Auf unserem Weg über Klipp' und Gestein,
Durch Wälder und Täler und in jenen Schacht,
Der führt in die Tiefen der Seele hinein!

Heldenschwur

Was Du auch tust, die Maske geht verloren,
So wie des Frühlings gold'ner Baum,
Wie weißer Meereskronenschaum
Und wie Du bist, wirst Du nicht neu geboren!

Dann stehst Du einst vor Hades dunklen Toren
Und siehst dort einen Schimmer kaum
Von all dem Glanz aus hohem Raum;
Wer stirbt, wer ist zur Ewigkeit erkoren?

Des Universums mächt'ge Flur
Droht überall mit tausend Urgewalten!
Darunter tickt die eig'ne Uhr-

So klein sie ist, hör' meinen Schwur:
Es wandeln unter lichtenen Gestalten
Des Ird'schen große Helden nur!

Am Frühlingsmorgen

Sag mir, was am Frühlingsmorgen,
Freund, Dir Dein Gemüt bewegt,
Welche Hoffnung, welche Sorgen
Deine Seele in sich trägt!

Ob der Vöglein lieblich Singen
Ist verzückt Dein holdes Ohr,
Mag Dir jede Tat gelingen,
Da der Sommer steht bevor?

Oder schaudert Dir vor'm Werden,
Das die Dinge mit sich reißt,
Wo nichts sicher ist auf Erden,
Was der Anfang auch verheißt?

Horch, es gibt hier nichts zu hoffen,
Dafür ist der Tag zu schön,
Guter Freund, sei unbetroffen,
Seinen Gang lass alles geh'n!

Jage Deine Angst zum Teufel,
Denn dem Tapf'ren hilft das Glück
Und entsage allem Zweifel,
Dass Dir hold sei das Geschick!

Traumgesichter

Des Gottes mächt'ges Angesicht
Sah ich bislang im Traume nicht
Und hätt' so gerne es geseh'n,
Da ich das höchste Ding es wäh'n.

Des Teufels Fratze sah ich schon,
Mal schmerzverzerrt, mal voller Hohn,
Starr'n aus Augen blutig und leer
Als gäb' es keine Hoffnung mehr.

Des Mannes Abbild blickt mich an
Und spricht: Ich bin nicht Untertan!
Bei aller Dinge Tyrannei
Bin doch am Ende ich noch frei!

Des Mädchens Antlitz ist so schön,
Ich mag es immer wieder seh'n;
Im Traume und in Wirklichkeit
Erhöht es Freude, mindert's Leid!

Vom rechten Dichter

Wie das Leben einfach schreitet
Schritt für Schritt, mal kurz, mal lang
Und an uns vorüber gleitet,
Es mit Deiner Strophe fang.

Mag auch heut' ein Sturm entstehen,
Morgen ist der Himmel blau-
Dem sollst Du ins Auge sehen,
Aufmerksam, doch nicht genau!

Gehe mit dem Wellenmeere
Und verlang' nach Wahrheit nicht,
Die da allen ewig währe,
Der es am Moment gebricht!

Zustand und Begebenheiten,
Leiden, Tat und Naturell
Schöpfest Du zu allen Zeiten
Aus des Lebens heil'gem Quell!

Sei nur immer recht bescheiden,
Dass an Deinem schönen Spiel
Götter ihre Blicke weiden
Ohne Maß und ohne Ziel!

Es erschein' der Philosophen
Hochmut Dir nur fahl und blass,
Der Du weilst mit Deinen Strophen
Auf den Höhen des Parnass!

Frevel und Verachtung

Lieber noch der edle Frevel
Als das kleine Herdenglück,
Lieber atmen Pech und Schwefel,
Trotzt die Stirn dem Götterblick!

Was spricht denn alle Welt von Sünde,
Muss den Menschen kleinsam seh'n?
Es kommt Frevel auch vom Kinde,
Will's im Großen sich ergeh'n!

Was blinzelt Ihr und sagt: Er leidet,
Habt Ihr denn ein Recht darauf?
Da an Euch kein Gott sich weidet,
Steht Ihr über'm Weltenlauf?

Gönnt Ihr mir kein Lichtgefilde,
Wo ich frei und Gott sein kann,
Trifft mein Zorn auf Euer Bilde:
Naht der Untergang? Wohlan!

Hagen von Tronje

Wer schreitet so grimmig da durch den Saal
Weibern zu Schrecken, den Recken zur Qual?
Hagen von Tronje wird er genannt,
Den starken Siegfried erschlug seine Hand!

Am Brunnen schlug er ihn hinterrücks tot,
Wie es ihm die stolze Brunhild gebot;
Von Kriemhild durch List er erfahren hatt'
Die Stelle, wo fiel einst das Lindenblatt.

Um den Hort der Nibelungen er weiß
Und gab ihn selbst um sein Leben nicht preis;
Den Königen folgt' er ins Heunenland,
Obgleich ihm sein Tod war vorher bekannt.

Meerweiber taten Geheimnis ihm kund,
Der Spielmann focht mit ihm zur letzten Stund',
Bis dass er vom Weibe erschlagen ward
Aus Rache für seine schändliche Tat.

Frühling

Erste bist der Jahreszeiten,
Ja, das ist Dein Privileg,
Zieh' herauf, um zu bereiten
Nun dem Sommer seinen Weg!

Nie erschien der blaue Himmel
Mir so hoch und schön gebaut,
Da die Sonn' auf weißem Schimmel
Zärtlich zu uns niederschaut!

Blumen, Mädchen, Frauenzimmer
Alle sind so wunderschön,
Dass Du hehrer Frühling immer
Wieder lässt mich Anmut seh'n!

Da in ungemess'nem Raume
Sich nun bricht das reinste Licht,
Leh'n ich gern am grünen Baume,
Hab ein Lächeln im Gesicht!

Vor Salomons Tempel

König, durch die hohe Pforte
Geht es hin zu jenem Orte,
Der Deinem Gotte ist geweiht.
Salomo, bin ich bereit?

Der Gerüchte hört' ich viele,
Was da drinnen sich abspiele:
Von großer Schätze Herrlichkeit-
Salomo, mir fehlt der Neid!

Tausend Weiber sollst Du haben,
Dran Dein weites Herz zu laben
Mit aller Liebe Lust und Leid;
König, fühlst Du Einsamkeit?

Und Deine Weisheit, Salomon,
Sie übersteigt noch Deinen Thron,
Bis weithin noch Dein Urteil gilt-
Doch wessen Richtspruch sich erfüllt?

Drum, oh König Salomon,
Gab Gott Dir einen Ring zum Lohn,
Dass Dir gehorcht jeder Dämon:
Sag mir, wer ist Gottes Sohn?

Komm ich durch die hohe Pforte,
König, hin zu jenem Horte,
Wo ich endlich Antwort find':
Öffne, öffne sie geschwind!

Geliebter der Venus

Wo ich gehe, wo ich stehe,
Fliegen mir die Herzen zu,
Wenn ich eine Frau ansehe,
Schmilzet sie dahin im Nu!

Liebe ist zu allen Zeiten
Mir ein unversieglich' Quell-
Fräulein, magst Du mich begleiten?
Schönheit ist mein Naturell!

Werden Herzen auch gebrochen,
And're mach ich wieder ganz:
Sagt, was habt Ihr Euch versprochen
Bei der Venus leichtem Tanz?

Wo ein Lächeln gilt ein Leben
Und ein Kuss die ganze Welt,
Was kann's sicheres da geben
Außer dem, das grad' gefällt?

Was könnt's schöneres auch geben
Außer dem, das grad gefällt?
Lächelnd geh ich durch das Leben,
Tanzend fahr ich durch die Welt!

Ich muss nicht geachtet werden,
Denn ich werde viel geliebt
Und wohin ich komm auf Erden,
Es kein schöner Ding denn gibt!

Die Gnade der Venus

Die schönste Form der Selbstaufgabe
Ist, mein Herz, die Liebelei,
Wofern ich Dich im Arm nur habe,
Bin ich von mir selber frei!

Und wüsst' ein Gott nicht anzubändeln,
Lang würd' ihm die Ewigkeit,
Es blühet Glück in allen Händeln,
Da Venus ihre Gnade leiht!

Es rief mit ehen' Kett' und Banden
Die Pflicht zur Wahrheit mich allein,
Weilt' ich bei Dir, sie nicht mich fanden-
Zwingst, ohne Tyrann zu sein!

So gilt mir's Nehmen gleich dem Geben-
Nähm' ich nicht, nähm' ich nur ab-
Und Liebe lässt mich Wahrheit leben,
Gar fest ich Dich umschlungen hab!

In diesem einen Augenblicke
Wünscht ich, Du wärst ewig mein,
Doch allzu hart ich Dich bedrücke,
Ford're ich, ich würde Dein!

Ein himmlisch' Ding, ganz klar gegeben,
Erklärst nicht und wirst nicht erklärt,
Ist Liebe, die da kommt wie's Leben,
Zu Recht als Göttin wirst verehrt!

Anrufung des heiligen Feuers

Höre, oh Agni, Element,
Reinen Feuers, das ewig brennt,
Meine Bitte an Deinen Geist,
Der sich mir als göttlich erweist!

Sei mir gnädig in Wort und Tat,
Dass ich folge dem rechten Pfad
In des Lebens tosender Flut:
Agni, spende mir Kraft und Mut!

Zeig mir der Tugend Angesicht,
Agni, in Deinem reinen Licht,
Mach, dass durch Dein Wesen ich gar
Die Natur des Gottes erfahr'!

Das Unheimliche

Abschied vom Uttgardloki

Grämst Du Dich für's Unterliegen?
Thor, wie bist Du siegverwöhnt!
Doch hier konntest Du nicht siegen-
Sieh nun, wie List Kraft verhöhnt!

Warf nur Luft ich auf die Waage,
Die Du hiebst mit ganzer Kraft-
Ob Du stärker bist, ertrage,
Dass das Maß Verhältnis schafft!

Selbst dem Loki, Eurem Bösen,
Brach ich seinen Spiegelblick,
Um auch ihn noch zu erlösen,
Warf sein Bild ich Euch zurück!

Thyalfi, auch der schnellste Läufer
Schießt nicht auf zum Geistespfeil,
Ase, auch der stärkste Säufer
Zwingt die Meere nur zum Teil!

Und Du mühtest Dich vergebens
Ringend mit dem alten Weib,
Grundbedingung ist's des Lebens,
Dass die Zeit zernagt den Leib!

Mögen Götter noch so schelten
Blendwerk und Naturgewalt,
Riesen wissen's zu vergelten
Trennend Macht von der Gestalt!

Zeitenwende

Da ein Abschnitt geht zu Ende
Und es fängt ein neuer an-
In der Luft liegt Zeitenwende-
Zukunft nicht mehr warten kann!

Und obwohl ich älter werde,
Fühl ich seltsam mich verjüngt
Gleich der kalten Wintererde,
Die des Frühlings Odem düngt!

Mannigfache Traumgestalten
Heut' mein Geist sich ausersinnt
Über's heiß ersehnte Walten,
Welches morgen erst beginnt!

Denn ich kann es kaum ertragen,
Bis ein Strom mich mit sich reißt;
Jetzt schon will ich all' das wagen,
Was die Zukunft mir verheißt!

Schlage, schlage große Stunde,
Da Dich keine Macht mehr hält
Und es werde wahr die Kunde,
Dass nun Dir gehört die Welt!

Zwielicht

Man sagte mir, die erste Macht
Fasst das Dunkle und das Helle;
Wie kam dann zwischen Tag und Nacht
Solch verhängnisvolle Elle?

Manches Ding sah ich schon scheiden,
Verlustig gehen seiner Kraft,
Es hat dieser Welten Leiden
Die stärksten Männer hingerafft!

Noch graust's mich nicht vor Widerständen,
Noch sprüht mein Auge Feuersglut,
Wie Feuer glühen meine Lenden,
Im Herzen hab' ich ein'gen Mut!

Will dem ersten Gotte danken-
Am lustigsten deucht mich der Pfad,
Wo sich ew'ge Mythen ranken:
Ich lieb den Kampf, ich lieb die Tat!

Wer nicht weiß, zurückzuweisen,
Nein, dem liegt das Große nicht,
Künde mir von altem Eisen
Und hol mir was ein war ans Licht!

Soll nur alles schlechter werden,
Denn schwächer wird's in jedem Fall
Wie im Himmel, so auf Erden-
Wohin gehst Du, ew'ges All?

Das bürgerliche Leben

Tausend kleine Widrigkeiten,
Die da täglich uns begleiten,
Machen an dem schönsten Tage
Manche Stunde noch zur Plage.

Soll man sie gezielt verdrängen,
Muss man sich hindurch da
zwängen
Oder neuen Mut sich machen
Mit des Lebens schönen Sachen?

Doch was sollen jene Fragen,
Wer empfindet Unbehagen
Bei des Lebens kleinen Dingen,
Die da täglich uns anspringen?

Für den größten Teil der Leute,
Einzig aus aufs Hier und Heute,
Sind denn diese nicht vergebens,
Sondern selbst der Sinn des Lebens!

Denn wo es mangelt an Substanz,
Fehlt das Göttliche fast ganz,
Außer eine Frau kommt nieder
Oder tönen Totenlieder.

Gibt's im bürgerlichen Leben,
Noch was Großes anzustreben
Oder gilt's drauf zu verzichten,
Sich begnügen mit Gedichten?

Ach, ich weiß zu jenen Fragen,
Nichts Gescheites mehr zu sagen:
Tät' ich's vehement verneinen,
Würd' ein einz'ger es beweinen?

Täte ich dafür auch sprechen,
Würd' ein einziger aufbrechen
Mit der flammend' Glut im Auge,
Die zu wahrer Größe tauge?

Unglücklicher, was treibt Dich an
Auf des Lebens uneb'ner Bahn,
Was sind Deines Handelns Gründe?
Sag, ob Tadel ich dran finde!

Was mich Deine Gründe scheren?
Sieh, ich kann nur da verehren,
Wo ich auch um den Anfang weiß
Und ob ein Gott Dir gab Geheiß!

Doch ich sehe kleines Leiden-
Wie wollt sich mein Herz dran weiden?
Nur einen Rest von Menschlichkeit,
An solchem find' ich keine Freud!

Wahres möcht' ich gern erkennen
Und ein Ding beim Namen nennen;
Falsches lass ich mir verkaufen,
Lass vom Teufel mich noch taufen!

Nur ist eines wie das and're,
Ich in einem Nebel wand're,
Der drückend sich und unentwegt
Mir schwer auf Herz und Auge legt.

Soll ich Dir nun näher rücken,
Meine Stirn gen Deine drücken,
Hunderttausend kleine Sachen
Wem zuliebe größer machen?

Den gold'nen Sommer seh' ich schwinden,
Vergeh'n die einst'ge Farbenpracht,
Nie wird sich ein Sommer finden,
Der ebenso wie der gemacht.

Auf ewig rauscht das dumpfe Werden
In Gründen, die kein Auge sah,
Kein Gott schaut' je, kein Mensch auf Erden
Durch glänzend' Schleier immerdar!

Ein Traum, ein Schauspiel ist die Welt
Dem Menschen, der ein klein' Gelichter
Und das, was sie zusammenhält,
Ist einzig nur der Blick der Dichter.

Verlorene Sehnsucht

Ich blicke hinaus in die Sterne,
Hinaus in das weite All,
Ich wandelte unter ihnen so gerne,
Ich fürcht' nur, ich käme zu Fall!

So schau ich in endlose Weiten-
Ich wünscht' eine Heimat wär' dort!
Wie's war vor uralten Zeiten,
Jetzt schleudert Gewalt mich hinfort!

Oh, könnt ich doch einmal Dich greifen,
Zu gehen auf sicherem Grund;
Nun seh' ich die Sehnsucht erst reifen,
Sich dann zu verlieren im Schlund!

Dein Traum- mein Traum

Du saßest an einem Bache,
Der voller Blüten war, mein Herz,
Oh Anmut unter'm Fliederdache,
Ich träumend in Glut,
Voll Schmerz!

Sei mein Blut, mein Wein heut' Nacht,
Pulsierend in meinen Adern,
Gott sieht nicht zu
Und der Abend ist noch jung!
Leg ich meinen Finger auf Deine
Lippen,
Zu empfangen Deinen Kuss,
Hat er das Licht schon ausgemacht.

Bist Du berauscht,
Umwoben von Wolken und
Silberstreifen?
Erfüllen gar herrlich' Töne Dein Ohr,
So wie Du mich erfüllst, Liebste?
Hab keine Angst,
Samtweich ist die Nacht,
Sie duldet alle Sünden!

Drum gib Dich frei,
Lass los die schweren Steine-
Natur sind wir und sind es ganz alleine!
Sie hinaus in die Nacht:
Was siehst Du?
Reben, die bis zu den Sternen wachsen
Und Trauben, die die Welt enthalten!
Eins ist alles, alles eins,
Wenn Du nur die Quelle siehst!

Schau Dich nur um, mein Herz,
Anders sehen die Augen der Nacht!
Wenn der Duft von Rosen mich erfüllt,
Dann weiß ich nur, dass Du es bist
Und meine Tränen netzen sie, die
Dornen!
Denn nur der Tag ist Wirklichkeit
Und Du bist nur ein Traum, mein
Schatz,
Zerfallen zu Staub und welken Blüten!
Heb' ich sie auf,
So fühl ich Dich-
Dich und mich und uns're Tränen!

Traumbildnisse

Ich seh' vor meinem inn`ren Blick
Die Zeiten wie im Sturme fliegen,
Doch stehst Du drin, blickst nicht zurück,
Tust Du das Schnelle langsam lügen.

So schau ich auf die kleine Welt,
Es scheint mir, sie war immer klein-
Wieviel man auf die Zukunft hält,
Die Zukunft, sie muss größer sein!

Blickst Du nicht Dich selber an,
Erscheint Dir alles nur im Traum-
Wie er Dich mit sich reißen kann!-
Wie klein die Welt ist, siehst Du kaum.

Mondscheinsonett

Auge des Himmels, feiger Geselle,
Stiehlst Dich heimlich durch die Nacht!
Was hat Dich zum Dieb gemacht
Auf Gewässern ohne Sturm und Welle?

Sag, nahmst Mahlzeit nie von Topf und Kelle?
Meiner hast Du stets gedacht,
Nimmer hast mich ausgelacht-
Ich trag's Dir nach, Freund in der Zelle!

Dich raubt' ich, Mond, Gewissen meiner Zeit,
Diebesstrafe wurde mein
Und kleine Rache ward Gerechtigkeit!

Man hasste mich mehr, denn stumm blieb mein Leid-
Hab mich selbst, ich bin allein-
Zürnend mir ob seiner Verlassenheit.

Stark genug?

Wir sah'n die Bilder von Jahrzehnten
Vorüberzieh'n an uns'rem Blicke,
Wofür wir einst so stark uns wähnten,
Ward uns zu drückendem Geschicke.

Es werden Stunden lang wie Tage,
Die Tage selbst schwer wie Blei,
Gepeinigt von der einen Frage:
Wann geht das alles nur vorbei?

Bei Nacht hör ich Dein leises Wispern,
Du fragst mich: ist der Weg noch weit?
Die Glut fühl ich nur schwach noch knistern-
Zerbrichst Du an der Ewigkeit?

Geschöpf der Finsternis

Es lodert in Dir die schreckliche Glut
Und zwingt Dich in den lockenden Hain-
Kein Kind von Abel, Du stammst von Kain-
Dich treibt der quälende Durst nach Blut!

Kein Kind des Tages, sondern der Nacht,
Nie Licht in Dir, nur Dunkelheit,
Durchstreifst die Welt seit ewiger Zeit
In Finsternis, zum Töten gemacht!

Du fühlst keinen Hass, fühlst keine Wut-
Die Sünde selbst ist Deine Natur,
Dein Gott ist böse, nie ist er gut!

Zur Hölle führt ein finsterer Schacht,
Dich schaudert nicht, Du lächelst nur,
Zerfällst zu Staub, wenn der Tag erwacht!

Die Tötung

Mein Herz schlug wild, als ich sie sah
Und hätt' mir fast gesprengt die Brust:
Da standst Du vor mir nackt und bar,
Oh Schwester Sünde, Schwester Lust!

Das Weibstück weckt das Tier in mir,
Lässt mich giern'n nach ihrem Blut,
Im Garten Eden tanzten wir
Und Lieb' ward Lust und Lust ward Wut!

Aus Glut erwacht' ein brennend' Feuer
Und lodernd fragte mich die Nacht:
Hörst Du nicht die Ungeheuer,
Hörst Du wie der Dämon lacht?

Sünder,
Oh, könntest Du Dir doch verzeih'n,
Ach, würde doch der Schmerz nur linder,
Ach würde doch aus Blut nur Wein!

Oh geh nicht weg, verlass mich nicht
Schwester,
Wo Du nicht bist, ist nur welkes Laub,
Den toten Leib, ich drücke ihn fester,
Doch rinnt mir durch die Hände der
Staub!

Nun bist Du fort, leer liegt die Welt,
Ein schwaches Echo uns're Lieder,
Alleine unterm Himmelszelt
Wart' ich auf Dich, ach komm doch
wieder!

Bedeutung warst Du mir der Sterne,
Jetzt spür' ich starke Winde wehen,
Ich klammerte an Dich mich gerne,
Doch kann ich Dich nur verschwommen
sehen!

Ich fühle das Peitschen hoher Wellen,
Dein Traumbild reitet auf den Meeren,
So lasse mich die Segel stellen

Und den Becher meines Willens leeren!

Schon jage ich Dir hinterher,
Woge für Woge durchschneide ich wild,
Mein Traum wird Geist, mein Geist wird
Meer,
Mein Wille stärker, schwächer Dein Bild!

Ein letzter Schimmer, dann ist es
vergangen,
Ich segle einsam auf stürmischer See,
Reich mir den Becher, der stillt mein
Verlangen,
Damit ich daran zugrunde geh!

Am Kreuzwege

Am Kreuzweg trafen sich bei Nacht
Die Sonne und der Mond,
Der fragte sie, was sie da macht',
Warum sie nicht mehr thront`.

Sie sprach: ich bringe neue Kunde
Für Menschenlabsal, Menschennot,
So suche ich denn Menschenrunde,
Ich such ein neues Morgenrot!

Da fing sie plötzlich an zu weinen:
Oh Mond, ich bin hier so allein,
Der Menschen finde ich denn keinen,
Der wollte meine Sonne sein!

Kleine Wahrheiten

Sie nahen die Zwerge, die kleinen gemeinen,
Nagende- klagende, Feinde des Einen,
Sie bringen den Zweifel, sind Dolche des Lebens,
Es schickt sie der Teufel, ist alles vergebens?

Schon brennet die Wunde von stechendem Schmerze,
Es bringet er Kunde von härterem Erze,
So wachse denn Leiden, so wachse denn Leben,
Bejahe die Feinde, empor Dich zu heben!

Suchst Größe im Kleinen wie jene gemeinen,
Wo Splitter des Einen die Zwerge vermeinen-
Sie suchen, die Spötter, nach edleren Steinen,
Tränen der Götter, die zu Tode sich weinen!

Doch wollen sie leben, die ewigen Mächte
Und rufen die Männer, zu tun das Gerechte:
So legt sie in Ketten, die kleinen Wahrheiten,
Dass wir uns erretten, auf edlerem schreiten!

★★★

Feuer, hast Du mich verlassen?
Die Welt ist mir erstarrt zu Eis,
Kann nicht lieben, kaum mehr hassen,
Die Melodie verstummt ich weiß.

Klirrend Kälte, Stille, Stille
Und vor mir liegt ein eis'ger Pfad,
Es ruht das Sein, es schweigt der Wille;
Wo ist der Kampf, wo ist die Tat?

Ein Traum von Laub zu Eis

Die Welt steht still und starr,
Ist gleichsam doch im Wandel,
Laub und totes Eis so bar
Bringt mit der Jahreszeiten Handel,
Verfall wird mehr noch todesnah,
Fernab des Lebens gold'ne Mandel,
Der Gang des Herzens unterbunden,
Mit Schnee bedeckt die blut'gen Wunden.

Der Herbst wird nun zum Winter geh'n
Und kommen wird der Liebe Ende,
Mein Weib muss ich voll Kälte seh'n
Und auch mein Herze fällt in des Todes Hände-
Wo eis'ge Winde über Steppen weh'n,
Kein Fünkchen Glut ich wiederfände:
Gefühllos stirbst Du jetzt mein Herz,
Empfindest weder Freud noch Schmerz.

Nicht einmal mehr gereicht die Kraft zum Fall,
Drum machen wir hier Rast und ruhen aus,
Träumend fortan in Ewigkeit die Träume aus Kristall.

Treiben

Ich führe aufgewühlt die Feder,
Weiß nicht recht, was ich schreiben soll,
Hier gibt es weder noch noch weder,
Mit Nebel ist hier alles voll!

Es ist ein Treiben, wo ist der Sinn,
Wenn Halt und Ordnung wilde tosen;
Zieht's mich dann zu Gespenstern hin,
Die trügerisch mein Herz liebkosen?

Halbschweres Reißen

Gedanken rasen durch das Hirn
Und auf dem Flusse, auf dem Strom
Kein Mondschein, kein Gestirn!

Ohnmacht

Ich seh' in wuchtiger Gestalt
Vor mir die dumpfe Allgewalt,
Die nimmt mich mit und reißt mich fort
An einen and'ren, fernen Ort!

Da steht Ihr, Ihr erhab'nen Götter,
Ihr neunmal klugen, schlauen Spötter;
Ich spüre nun, wie klein ich bin
Und sehe ein, sie macht denn Sinn!

***

Schau her, mein Herz, ich möchte dichten,
Bau Dich in meinen Kosmos ein
Und fühle ihn und Dich mitnichten-
Ich fühle, also muss ich sein!

In der Wüste

Wohin ich gehe, mich auch wende,
Seh' ich nur Wüste weit und breit,
Sand und Dünen ohne Ende,
Mein Durst und meine Einsamkeit!

Ich suchte Meere, ihn zu stillen,
Trank sie alle gleichsam aus,
Fand kein Glück, nur neuen Willen,
Frieden nicht, kein warmes Haus.

Da ich nur nahm, ohne zu geben,
Seh' ich keine Fülle sprießen;
Wüste, Du brauchst neues Leben,
Will mich, Wüste, Dir ergießen!

Sündenfall

Eden, Du Garten voll süßer Früchte,
Welt der Rosenträume,
Gelobtes Land der Phantasien!
Oh, gib mir nur, was ich begehr'
Und sei die Sünde noch so schwer!

Den Hort der Träume möchte ich kennen,
Den Quell, aus dem der Strom entspringt.
Was ich mir davon verspreche?
Ewigen Rausch, unendliche Freuden,
Lilith, zweite Frau Adams,
Dein Hain!

Betäube das Leid, nimm mir das Leben
Und gib mir ein neues!
Gott hat ihn verlassen, den Garten,
Hat sein Antlitz abgekehrt-
Nun gehört er Dir,
Kain!
Mein Sündenfall.

Ich wandle mit Euch, Ihr dunklen Götter,
Umher zwischen Bächen
Und Hainen
Und überall die Nacht.

Oh Eden, neues Babylon!
Ein Turm aus Blumen und aus Gold
Beschienen nur vom Licht der Sterne-

Du erblickst niemals das Sonnenlicht!
Dein süßer Duft bedeckt
Sünden, Leiden und den Tod-
Nicht Wirklichkeit,
Nur Schönheit zählt
Für uns, Abel,
Die Söhne Deines Bruders!

Geheimes Lustschloss der Ekstase,
Glücklich ist, wer Dich gefunden!
Leg ab die Dornenkrone
Und die Schuld,
Trink vom Blute uns'res Vaters
Und werd' ein Kind der Dunkelheit!
Blut ist's nicht, nur Wein!
Opf're Deine Menschlichkeit,
Dein Mitgefühl
Und alles, was Dich sterblich macht!
Denn in der Hölle brennt nur der,
Der will!

Oh Eden, Du ewiges Eiland der Freude,
Kennst kein Gesetz und keine Schranken-
Mich giert's nach Blut,
Ich schenk' mein Herz der Finsternis,
Dich zu finden,
Mir Eintritt zu verschaffen,
Zu stillen meinen Durst,
Folg' ich dem Pfad von Kain!

Antriebslos

Schwache Wolken nur, der Himmel grau
Nach einer dunklen Nacht, die kannte keinen Stern,
Die Sonne fahl, Hülle ohne Kern,
Keine Hitze, keine Kälte, auf den Gräsern kein Tau.

Meine Blicke, sie suchen einen Schimmer von blau,
Doch auch ein Gewitter sähen sie gern,
Mit Donner und Blitz an der Trägheit zu zerr'n,
Aber es schweigen die Bäume und der Wind weht lau.

Ich vermag nicht zu gehen, vermag nicht zu fallen,
Solang' mein Herz diese Sprache spricht
Und verbleibe, bis des Untiers Schritte erhallen.

Dann wird es mich packen mit furchtbaren Krallen,
Mich stechen und blenden mit gleißendem Licht-
Mit Schmerz und Lust soll mir die Welt neu gefallen!

Gestade der Ewigkeit

Wo Nordlands Winde kraftvoll wehen
In einer klaren, kühlen Nacht,
Konnt' ich für kurz die Sterne sehen,
Die für die Ewigkeit gemacht.

Auf Klippen steh' ich unbewegt,
Im Blicke ewiglich die Meere
Und hab ich einen Traum gehegt,
Entfaltet er sich in der Leere.

So schaff ich Welten aus leerem Raum,
Wohin sie auch schwinden nach ihrer Zeit,
Doch kurz konnt' ich die Sterne schau'n
An den Gestaden der Ewigkeit.

Der Schönling

Mir Bild schau ich auf Dir, oh See,
Sage mir doch, bin ich schön,
Weile ich auf lichtend' Höh'n,
Weißt Du, mit wem ich wohin geh?

Es lockt von Wiesen gold'ner Klee,
Welt, muss Dich umschleiert seh'n,
Klingen Phoebus' sanfte Tön'
Doch's naht aus Gründen schon mein Weh!

Willst Du heran, Du graus'ge Nacht
Und drohst mit ehernd' Ketten?
Nur hast Du auch an mich gedacht?

Denn sieh, ich bin aus Licht gemacht!
Kann Schönheit mich erretten,
Da Gorgos Fratze höhnisch lacht?

Von der Wissenschaft

Vorwärts stets mit kleinen Schritten,
Zeigstock, Tugend, Gründlichkeit,
Gut gewappnet, nicht beritten-
Kümmert's in der ew'gen Zeit?

Lieber denn das kleinste Feste
Als verlor'n im weiten All,
Gütlich tun der Götter Reste;
Jung und stark kommt schnell zu Fall!

Es gilt für Wahrheit Wirklichkeit,
Adlig spricht sich der Beweis
Und nachvollziehbar Göttlichkeit:
Philosoph, Virtus ist Fleiß!

An die Erkennenden

Zieht nur heraus, zieht nur heraus
Und legt bei alldem nichts hinein,
Es soll Euch geben Sünde sein,
Seid wacker denn bei diesem Schmaus!

Es sand'ten and're Sonnen aus,
In deren güld'nem Abendschein
Die Wahrheit gut geriet allein-
Nur zieht ja keinen Schluss daraus!

Erkennende seid Ihr, nicht Held!
Nun tut gar gründlich Eure Pflicht,
Lasst Götter schaffen diese Welt!

Es wandeln unter'm Sternenzelt
Die ihre Hand befleckten nicht-
Ob deren Weisheit Euch erhellt?

Sehnsucht nach neuen Göttern

Ich sehe Nebelschwaden ziehen,
Die Lande liegen voller Stille,
Am Boden ist der Welt ihr Wille,
Sogar zu schwach, um zu entfliehen.

Auch mir ist nicht die Kraft verliehen,
Zu schöpfen aus der einst'gen Fülle-
Du bist so leblos, eine Hülle,
Die Götter tot, die Macht Dir liehen.

Ich seh' Eure Natur vergehen-
Könnt' ich Euch ganz in Trümmer legen
Und würd' ein neuer Gott entstehen,

Der mir gäb jenes Schwert zu Lehen,
Den Hoffnungstod vom Feld zu fegen,
Die Welt von Nebel frei zu sehen!

Doppeltes Leiden an halbem Leben

Zu Anstand bist Du außer Stand,
Doch zieret edler Wahnsinn nicht
Ein wild' Mänadenangesicht
Und hast Dich auch nicht selbst erkannt!

Entschuldigung ich letztlich fand
In einem abgestorb'nem Ich,
Das altersschwach zusammenbricht-
Die Hölle hätt' Dich noch verbannt!

Du bist nicht gut und auch nicht böse,
Zum denken fehlt Dir noch der Mut,
Zu klein für Tor, zu groß für Öse.

Die Ohren sind mir voll Getöse,
Der Ohnmacht nah ob meiner Wut-
Dass mich ein Gott von Dir erlöse!

Niederhall, Widerhall, Überhall

Ein Schicksal bist Du, schwacher Schrei,
In dieser nicht'gen Schwärze,
Dein Echo deucht mich einerlei,
Doch hallend nicht vom Erze!

ist das Nichts die eitle Wand,
Wo Dein Widerhall sich stößt,
Nie sah ich einen schwäch'ren Stand,
Wille niemals so entblößt!

Es zittert Nebel unter Dir,
Durch's Licht verlass'ner Sterne
Verfolgt Dich's Untier, Übertier
Mit Blicken aus der Ferne!

Es hallt vom Nichts, es ängstigt Dich,
Ins Unbestimmte fliehe
Und fall' in Dich, Du Leichtgewicht-
Was kommt, was naht? Nun siehe!

Wert einer Unterhaltung

Nun schlitterst vor mir, zwickst Du mich,
Doch könnt ich's nimmer mir verzeih'n,
Zu hassen Dich und noch allein!
Sag mir denn, für wen hälst Du Dich?

So sprich: war jemals niedrig ich?
Und seh' im fahlen Feuerschein
Dein Antlitz vor mir arm und klein-
Wen's Schicksal trennt, der findet sich!

Was ist's nun, Leere oder Nacht?-
Mir ist als könnt ich Sterne schau'n-
Und was für Ewigkeit gemacht?

Wenn einmal jemand herzhaft lacht-
Auf Wolken müsst man Schlösser bau'n-
Ha! Was ist Luftzug, was ist Macht?

Freiheit in Vielheit

Vor Troja kämpfte einst ein Held,
Dem Gott zur Hälfte gleichgestellt,
Im Guten wie im Bösen frei,
Es hatte er der Wesen zwei!

Und raffte seine Macht ihn fort,
So hielt sein Schatten noch das Wort,
Trotz Götter stand er ungeknickt
Wie's für die Edelsten sich schickt!

Ganzheit in Gott

Welch' Frevel ist's dass Ihr nicht saht,
Dass Ihr dem einen Gott genaht,
Niemals könnt' er mit Euch teilen,
Muss der Mensch als Mensch verweilen!

So opfert Euch denn auf für ihn
Und gebt ihm Euer Bestes hin,
Wo's mangelt Euch an Göttlichkeit,
Seid doch als Menschen Ihr befreit!

Falschheit in Halbheit

Viele kleine, die wie Fliegen
Den allmächt'gen Gott besiegen,
Doch fehlt auf staub- und schäb'gem Kleid
Die Spur von Blut und Eingeweid'!

Betrogen ward er halb und halb-
Wer hätt's Dir zugetraut, oh Kalb?
Doch sieh, wie blöd es um sich schleicht,
Von seiner Tat ganz unerreicht!

Prometheus im Zweifel

Der einst stahl das Lebensfeuer,
Lebte der denn vorher nicht?
Gott, Titan und Ungeheuer,
Scheust Du selbst das Tageslicht?

Wer es stahl, um anzuzünden,
Suchte gute Brennbarkeit-
Der die Wahrheit wollte finden,
Dachte der zu kurz, zu weit?

Wenn aus dunklen Tiefen schwankend
Erinn'rung naht an alte Zeit,
Fass' ich Deine Hände dankend,
Oh kalter Freund, im steinern' Kleid!

Labt die Kühle, doch's naht Kälte,
Der Geist gefühlter Einsamkeit-
Dass Dein Kuss es mir vergelte,
Wo Tugend ich nicht sah im Leid!

Wie könnt' das Los ich je ertragen,
Da zwingen mich viel edler deucht?
Lernt' ich aus vergess'nen Tagen,
Wie Schwert und Feuer sich gebräucht?

Könnt' mit Geist wer Luft zerschneiden-
Herrscher über'm Wolkenreich-
Könnt' ich so Euch nur vertreiben,
Euch Vogelscheuchen, fahl und bleich!

Meine Eitelkeit

In dem menschlichen Gefüge
Bin ich selbst mir ganz genüge;
Der Raum wird plötzlich hell und weit,
Denn so will's meine Eitelkeit!

Was ich will, sollt Ihr erraten
Und zugleich Befehl erwarten;
Verschont mich doch mit Eurem Leid,
Denn so will's meine Eitelkeit!

Würde ich Euch nur benutzen,
Tät' mich das zu sehr beschmutzen
Und verbitt' mir jeden Neid
Um diese, meine Eitelkeit!

Würde ich Euch wahrlich lieben,
Tät' dies Abbruch meinen Treiben-
Jene Wund' heilt keine Zeit,
Die klafft in meiner Eitelkeit!

Einsam lang auf Gipfeln harren
Macht den Weisen noch zum Narren:
Da grinst der Abgrund allzu breit-
Zur Hölle mit der Eitelkeit!

Ohne Red' zum letzten Worte,
Welch ein Fluch auf dieser Pforte!
Ich suchte doch nur Ewigkeit,
Gott, so wollt's meine Eitelkeit!

Tyrannengesang

Du graue Masse unter mir,
Zwingst Du mich denn, Tyrann zu sein,
Wer trägt die Schuld denn ich allein?
Doch kann ich's nicht vergeben Dir!

Es kümmert nicht, Du siehst mich nicht:
Gleich dem von tausend Sehenden,
Nur gleichen Schrittes gehenden
Willst beugen Du mein Angesicht!

Kämst Du herauf, Du graues Tier
Und wuschest Deine Leiber rein,
Doch wehet ein Polarwind hier!

Allein anheim dem Wahn fall' ich
Reitend auf Wind, dem wehenden
Und wollte töten Dich mit Licht!

Tot

Ein in Dunkelheit echonder Schrei,
Gefangen in tiefschwarzem Samt,
Weg ihm nur nach innen sei,
Eisberg sich ins Herze rammt!

Fels ruht still in dunkler Nacht
Wie totes Licht vom kalten Stern
Die Stätten nur noch tiefer macht,
Grab auf Grab, dem Leben fern!

Wächter ohne Gnade, eigener Geist,
Baust Mauern Dir, die feucht und kalt,
Wenn Du durch finst're Grotten reist,
Dir rauben jeden Lebenshalt!

Welten, die Dein Kerker sind,
Ersticken Dein Atmen, Dein Rufen, Dein Flehen,
Die bleiche Hand den Weg nicht find',
Deine Augen immer nur schwärzer sehen!

Da ist keine Macht, die zählt die Zeit,
Da Du darbst in jenem Verließ
In hoffnungsloser Verlassenheit,
Vergaßest längst, was Liebe hieß!

Sternenstaub

Jeder geht für sich alleine,
Heil'ge Banden gibt es keine,
Blind für and're, stumm und taub,
Funkelnd schön wie Sternenstaub!

Poseidon, wo gebricht's an Stärke?
Kleiner werden Deine Werke!
Mit dem Dreizack ganz genau
Du die Welt in Scherben hau!

Gott, durch's Auseinanderfließen
Wollen wir Dir uns ergießen-
Silbrig schimmernd als Idee
Der Mensch am Horizont vergeh'!

Wer durch eifriges Gedenken
Wollte neue Kraft sich schenken,
Wird, sofern er nie verehrt,
Eines Besser'n bald belehrt!

Bei dem Auseinanderzerren
Wird der Pöbel noch zum Herren:
Mondän und schwächlich, eitel-chic-
Was da fehlt in seinem Blick?

Fehlt am Blick es ganz und gar,
Nicht mehr lang des Endes harr-
So den Tod Du denn erreichst,
Mehr und mehr dem Edlen gleichst!

Lude, Dirne, Freier

Dirne, leicht ist Deine Liebe,
Umso schwerer wiegt das Gold,
Das spielt ein der Freier Triebe-
Gibst Du's mir, bin ich Dir hold!

Tust Du's nicht, wird' ich's mir nehmen
Und bricht darob Dir das Herz,
Solltest Dirne, Dich was schämen,
Für Dich ziemt sich nicht der Schmerz!

Lude, wenn Du mich berührest,
Scheint mir's richtig, scheint mir's gut,
Du verstehst mich und ich spüre,
Bei Dir, Lude, Furcht und Wut!

Doch will jemand meine Liebe,
Muss er zahlen guten Preis,
Da mir sonst von der nichts bliebe,
Die ich schnell verflogen weiß!

Dirne, horch ich möcht sie halten,
Geb' Dir drum sogar mein Gold,
Doch ich wünscht', in Deinem Walten
Wärest Du als Mann mir hold!

Bist Du's nicht, sind's Deine Schwestern,
Ist es keine, immer zu!
Heute, morgen und auch gestern
Hab ich vor Euch Weibern Ruh!

Zeitiges Bekenntnis

Oh, Du hehre Weltgeschichte,
Find'st Du heut ein sel'ges End',
Gehst mit mir Du zu Gerichte?
Besser wär's, wer sonst Dich kennt!

Gelt ich unter and'ren wenig,
Sieh mein Inneres Dir an,
Unbestreitbar bin ich König,
Wenn's auch niemand sehen kann!

Da ich alles recht durchschaue,
Bleib ich denn mir selber fremd-
Gern und viel auf Luft ich baue,
Reiß es ein ganz ungehemmt!

Wo mir tausend and're gleichen,
Klarheit schafft genauer Blick,
Kleines stellt oft große Weichen
Und in mir liegt all mein Glück!

Wird sich alles einst erfüllen,
Wenn man es nur wirklich will,
Find ich Sehnsucht noch zu stillen?
Nunmehr steh'n die Uhren still!

So mir and're nichts bedeuten,
Bin ich frei von Schmerz und Pein-
Hör von ferne Glocken läuten,
Himmel, ach, nun bist Du mein!

Gesang der Wölfe

Es dämmert im Walde, es schlägt das
Herz,
Schon nahet die Stunde, da Freude und
Schmerz
Verbindung woll'n in gemeinsamem Lauf:
So jauchzet, Ihr Wölfe, die Nacht zieht
herauf!

Ihr ehret den Tag, Ihr ehret das Licht,
Den Tau auf den Gräsern, wer ehrte ihn
nicht,
Die Lichtung im Wald, die Elben und
Feen,
Oh, welch eine Freude, das Schöne zu
seh'n!

Lebt Ihr nur am Tag, ist das Euer Glück,
Dann lautet die Losung, der Weg führt
zurück

Zum Tor des Waldes, wo es in der Stadt
Ein Bett sanfter Ruh für die braven
Leut' hat!

Wer weiß, was sie bringt, die heilige
Nacht,
Welch Lieder sie singt, welch Geschenke
sie macht,
Hier Eis in der Hölle, Teufel und Tod,
Da zartes Geflüster, der Liebenden Not!

Singet, Ihr Wölfe: Nur hier sind wir frei,
Es liegt im Bestimmten weit mehr
Tyrannei!
Der Tag hat freilich ein schönes Gewand,
Doch die Freiheit bei ihm ich
nimmermehr fand!

Zwei Galgenbrüder

Bruder, bist Du nicht dem Galgen
geweiht,
Der da steht im Mondschein für Dich
bereit?
Sollst Du nicht heut noch baumeln am
Strick,
Einsam im Wind mit gebroch'nem
Genick?

Was sprichst Du, Bruder, von meinem
Geschick?
So lenke doch auf Dein eig'nes den
Blick:
Zum Tode bist Du schon lang
auserseh'n
Und heute Nacht soll's am Galgen
gescheh'n!

Bruder, wieso sollt auch ich für Dich
geh'n,
Wo Du nicht einmal um Gnade willst
fleh'n?
Für Deinen Betrug an Schicksal und
Gott
Geht's an den Galgen, zu gut wär's
Schafott!

Ha! Bruder ich merke an Deinem
Spott,
Dass innerlich Du bist schon faul und
rott;
Um Dich ist's nicht schade, Bruder,
drum geh
Flugs an den Galgen, es tut auch nicht
weh!

Mein Bruder, voller Verdruss ich seh',
Dass Du gar beharrst auf Deiner Idee,
Als ob sich Dir jemand zum Opfer
bringt,

Einem Gauner, der mit dem Tode ringt!

Einem, der in Deiner Lüge ertrinkt,
Bruder, die hoch in den Himmel da
stinkt:
Bin ich auch schuldig, Du bist es für
zwei,
Allein da Du tust, dass nur ich es sei!

Bruder, mein Bruder, die Gedanken
sind frei
Und Schuld ist bei uns doch eh
einerlei:
Treffen wir uns in der Mitte noch heut,
Um zu verdoppeln die Hälfte der Zeit!

Bruder, mich deucht's höh're
Gerechtigkeit,
Wenn von uns nimmt jemand Schuld
und auch Leid,
Wie es vor zweitausend Jahren
geschah,
Als einer der Sünder für alle war!

Bruder, oh Bruder, ich witt're Gefahr:
Am Himmel dämmert's, der Morgen
ist nah!
Drum gilt es nun schnell zu finden den
Mann,
Zweitausend Jahr' warten, das geht
nicht an!

Bruder, mein Bruder, ich Rettung
ersann:
Opfer nur der in der Mitte sein kann!
Siehe und höre, der schlummert so tief
Nicht ahnend, dass es an den Galgen
ihn rief!

Der Grübler

Ich sehe was, was Du nicht siehst
Und wenn Du jetzo vor mir fliehst,
Könnt' ich es Dir nicht verübeln;
Bliebest Du, käm' ich ins Grübeln!

Geb' ich zu, manch Ding geht mir ab-
Doch so ich etwas gefunden hab',
Leg' ich Liebe und Wahrheit hinein-
Sieh es nicht an, so sehr ist es mein!

Ist es nun hässlich, ist es schön?
Wer wollt' je ein anderes seh'n?
Zeug's von mir, von mir zeug's erst recht,
Zeugt ein and'res, bin ich nicht schlecht!

Sagt' ich je, ich wüsst', was ich wollt',
Glaubt' ich denn, was glänzt, sei auch Gold?
Mit solchen Leuten hat man's nicht leicht-
Springe, spring, das Wasser ist seicht!

Das grelle Licht

Er geht hinauf die hohle Gasse
Verschwindend in der grauen Nacht,
Auf dass er dort sein Leben lasse,
Ein grelles Licht im finst'ren Schacht.

Warum es ihn denn grad ereile?
Ans Leben dacht' er bisher nicht;
Ob kurz nun oder lang er weile,
Es blendet ihn das grelle Licht.

Im Kleinen hat er sicher Züge,
Gar manches, was er liebt und hasst,
Im Großen langt es nicht zur Lüge,
Vorm grellen Licht ist sie verblasst.

Darob beliebt ihm nicht zu scherzen:
Gepresste Luft unendlich schwer,
Obskur deucht ihn der Schein von Kerzen,
Gequält traut er der Nacht nicht mehr.

Sein Durst macht' ihm das Leben fade,
Am Horizont die Sonn' verblicht,
Es wandelt Streck' sich in Gerade,
Sich endlos zieht ins grelle Licht.

Sterbende Frau

Du weinst ohne Augen, ich seh' es Dir
an
Mit Tränen, die rinnen wie schwarzes
Blut,
Dich holte der Teufel, die Frage ist
wann,
Dein röchelnder Atem gefrieren tut.

Man nahm Dir Dein Leben, man nahm
Dir Dein Kind,
Ein Kind, das Du nie geboren da hast
Und hörst nun die Stimmen, die
flüstern im Wind,
Am Baum des Lebens wird knorrig
Dein Ast.

Trotzdem bist Du schön und Du lockst
stets den Mann
Zum Spiel, das den Nehmen Liebe
nicht kennt;

Wenn dies auch die Göttin vergeben
Dir kann,
Nicht dass in der Lend' kein Feuer
mehr brennt!

Du liebst Dich nicht selbst, ich fühl es
mit Dir,
Der Frevel, er hat verschied'ne Gestalt,
Du trägst Deinen Schmuck, Deine
Brust nicht zur Zier,
Bei nah Dein Gesicht wirkt staubig
und alt.

So ziehe von hinnen, Du schäbige
Maid
Suchend den Wind, der Dich Deiner
enthebt;
Was bleibt, das ist Haut und ein
schmutziges Kleid,
Wenn das Gespenst in die Schatten
entschwebt.

Lichtbringer

Ich seh' in dieser stummen Menge
Solch Gewimmel, solch Gedränge
Der verschied'nen Elemente,
Dass keins man wahrlich klar erkennte!

Dein Anblick bringt mich durcheinander,
In kleinen Winkeln ich so wander,
Dreh mich um die eig'ne Achse,
Werd' kleiner ich nun oder wachse?

Mir ist, der Erkenntnis harter Stahl
Steht da vor einer ernsten Wahl;
Hatt' er vorher eine solche,
Verwandelt sich in tausend Dolche?

Was steht in jenem Buch geschrieben,
Welche Magd kann besser lieben,
Was gibt's neues auf der Gasse,
Fandst Dame, König, Bub und Asse?

Benommen tret' ich vor den Spiegel,
In der Hand zwei schwarze Zügel,
Hinter mir ein brüllend' Rappen,
Rot sein Aug', des Teufels Wappen!

Bring her mir, ruf ich, Deinen Meister,
Da die Kleinen werden dreister!
Um das schwarze Ungeheuer
Bild' sich sogleich ein Ring aus Feuer!

Mit Hörnern, Bockskopf und Getöse
Zieht herauf der ewig böse
Und hebt zum Gruß die linke Hand:
Heil Dir! Das, was Not tut ist erkannt!

Bei Schlang' und Wollust, meinen
Schwestern,
Satan hießet Ihr mich gestern!
Heut' soll'n Euch zur Ordnung rufen
Die Tritte meiner Pferdehufen!

Siehe, ich bringe das Licht dieser Zeit
Mit mir herauf aus der Dunkelheit;
Wo Euch fehlt jeder Heilgenschein,
Muss ich Euer Meister nun sein!

In dieser Welt der schalen Reste,
Glaube mir, ist es das Beste,
Wenn durch das allseh'nde Auge
Der Mensch zu Großem doch noch tauge!

Das Echo

Was tönt da so verloren
Ein Echo aus der Ferne
Durch den schmalen Raum?
Wir sind schon fast erfroren
Und haben das nicht gerne,
Doch das schert Dich kaum.

Die Glocke schlug alleine
Vor vierundzwanzig Stunden,
Als die Uhr blieb steh'n;
Jeder hat das seine
Gerade erst gefunden
Und zuletzt geseh'n.

Ich hör es in mir hallen,
Obschon ich mich nicht rührte,
Nicht das Wort ergriff-
Es täte mir gefallen,
Wenn man mich nun entführte,
Laut der Wind nun pfiff!

Auch Du hast Deine Sorgen
Und trägst sie viel zulange
Mit Dir durch die Welt.
Ich kann von Dir nichts borgen,
Ohne dass mir wird bange,
Ob's was auf sich hält.

Indem wir uns entziehen,
Treiben wir noch die Teufel
Aus den Dingen aus.
Nur ob wir gut gediehen,
Hab ich so meine Zweifel,
Denn vor mir mich graust.

Was tönt da so verloren
Ein Echo aus der Ferne
Durch den Raum, der bleibt?
Wir sind zu spät geboren
Und hören wohl nicht gerne,
Was sein Klang beschreibt.

Mir ist, als hätt' ich alles geseh'n,
Länder, Menschen, Götter, Ideen,
Brauche was, meine Leere zu füll'n,
Ertrag's nicht, wenn sich mir Dinge
verhüll'n!

So nehm' ich alles, was ich nur krieg',
Wissenschaft und Metaphysik
Und suche der Weisheit letzten Schluss,
Was ich als bewiesen dann glauben muss!

Doch nichts, das abseits Du magst finden,
Soll Dich von Dir selbst entbinden,
Das schrieb mir einst ein Gott in mein
Herz:
Dich ziehe im Leben nichts himmelwärts!

Es stoße und treibe Dich dorthin
Aus Dir selbst der zwingende Sinn!
Spreche von Walhalla und Eden,
Mund sollst Du sein und nicht danach
reden!

Vernehmet nun aus meinem Munde
Rede frei und wahr im Grunde:
Der Weg vom Grunde zur Fassade
Sei auf Gottes Geheiß Euch gerade!

Doch sinkt der Mut, es wird mir bange
Beim Nahen der alten Schlange,
Die den Apfel am Baume bewarb,
Auf deren Wirken die Unschuld einst
starb!

Sitzt als Erkenntnis, als Reflexion
Auf des Teufels silbernem Thron,
Lockend mich nach allsehendem Glücke,
Dass auf den Grund des Daseins ich
blicke!

Nicht ist's der Durst, der mich zu ihr
treibt,
Das ist's nur, was hinterher bleibt:
Aus schimmerndem Kelch blutroten Wein
Saugst nach erstem Schauder willig Du
ein!

Trinke bis zum Bewusstseinsverlust,
Dass Vergebung erlangen musst,
Taumelnd wie blöde auf weiter Flur,
Wo Gott ich am Anfang die Treue schwur!

Mir ist, als hätt' ich vieles geseh'n,
Möcht' im Augenblick schlafen geh'n,
Auf dass beim Schlummer in tiefer Nacht
Der Traum, den ich suche in mir erwacht!

Die Brücke über den Fluss

Ich betrat die Brücke über den Fluss,
Du wolltest mir folgen, ich herrschte
Dich an,
Tobte und schrie, dass Du dableiben
musst,
Du wolltest nicht hören, das Leiden
begann!

Hier soll niemand alleine denn gehen,
Erwidertest Du mir vom Zorne gereizt,
Ich komm und werde selber nun sehen,
Weshalb Du mit der Antwort gegeizt!

Es zittert die Brücke, es tost der Fluss,
Es raunen die unholden Geister im
Wind,
Ich schrei Dich an, dass Du dableiben
musst
Und flehe zu Gott, dass er Rettung
ersinnt!

Du flehst um Rettung so elendiglich
Und hast diesen Weg doch soeben
gewählt,
Nun bist Du im Sturme nicht ohne
mich,
Sieh wir sind und nah, das ist alles, was
zählt!

Kalt sind die Wasser, noch kälter der
Wind
Unter'm Firmament, das hell leuchtet
und strahlt,
So nehm' ich Dich in die Arme
geschwind
Und hoffe, der Fährmann ist würdig
bezahlt!

Wohin führt die Brücke, wohin führt der
Fluss,
Wohin weh'n die Winde in sternklarer
Nacht?
Wohin es geht, hab ich nie gewusst,
Dass Du mit mir kamst, hat mir Rettung
verschafft!

Nächtliches Verlangen

Ich suche die eine Nacht,
Da ich fall in den Himmel hinein,
Da der Sterne erhabene Pracht
Ist mehr als nur ferner Schein!

So fühle ich denn mein Herz,
Im Busen sich sehnsüchtig neigen
Und die Treppe, die führt himmelwärts
Voll Verlangen ersteigen!

Dein letzter Schrei

Ein letzter Schrei aus Deiner Brust,
Als hätt'st den ersten Du getan
Und stößt doch von Dir jede Lust!
Wo endet Deines Lebens Bahn?

Was Dich zu dieser Tat bewog,
Ich weiß nicht, ob ich's wissen will
Und ob ein Teufel Dich betrog-
Die Welt um uns, sie ist so still!

Nur schwach geht Deines Herzens Gang
Und neigt sich seinem Ende zu,
Dein Blick gleitet an mir entlang,
Noch will er keine letzte Ruh!

Ich vermein, in ihm zu lesen,
Dass Du's für and're hast getan,
Dass Du bist nicht der Grund gewesen
Für jenen Schrei und jenen Wahn!

Sprich, wie kann ich es ertragen,
Ein Grund für Deinen Tod zu sein,
Ohne Lebewohl zu sagen,
Da Du der Stille fällst anheim?

Mensch und Gott

Des Menschen Los deucht mich so klein:
Es plagt er sich das ganze Leben
Mit diesem und mit jenem Streben
Und ist im Tode ganz allein!

Ach, könnte ich ein Gott doch sein,
Ach täte eine Macht mich heben
Ein Stück weit mehr der Sonn entgegen
Und wusch vom Menschen mich noch rein!

Doch sag, wer könnte Dich befreien
Von allem, was gering Dich macht,
Dass Du stiegst über uns're Reihen?

Und könnt ein Gott Dir noch verzeihen,
Nachdem er über Dich gelacht?
Wem würd'st Du Deinen Tempel weihen?

Die Straßen sind voll des künstlichen Lichts,
Am Ende des Tunnels erwartet und nichts,
Plastik und Drähte erschaffen die Welt,
Die ein nachtschwarzes Quadrat zusammenhält!

Es geht nur bergab in der finsteren Nacht
Hinter dem Wind, der uns so schmutzig gemacht
Bis in die dunkelsten Winkel vom All,
Da hör' wir Dein Lied, oh Gevatter Verfall!

Der Teufel beruhigt mich: seine Hand
Auf meiner Schulter ist Trost mir und Pfand,
Dafür, dass nicht alles vergebens war,
Dass ein Licht scheint im Dunkel ganz hell und klar!

Meister des Feuers, der Schatten, der Lust,
Wohin unser Weg führt, hast Du es gewusst,
Gewollt, geduldet, Dich dessen gegrämt?
Doch werde ich nur durch Dein Schweigen beschämt!

Ich schaue den kopflosen Geistern nach,
Kniend in dem Staub, den die Hölle erbrach;
Der liegt so kalt auf dem harten Gestein,
Klebst mir in den Augen, da ich ihn bewein!

Felsen und Staub sind gar viel für den Mann,
Der zuvor in schmutzigem Lufthauch nur schwamm
Und auf dem Rücken des Ungeheuers
Spürt ein Knistern er des einstigen Feuers!

Der Mensch

So höre, Mensch, der Mensch ist schlecht
Im Denken, Tun und Reden,
Macht vieles falsch und wen'ges recht,
Seit der verließ einst Eden!

Er gönnet seinem Nächsten nichts,
Nicht einmal mehr im Grabe
Und ist auf nichts so sehr erpicht
Wie Nachbars Weib und Habe!

Im Bösen bringt er's auch nicht weit-
Er mangelt's ihm am Mute-
Drum faselt er von Sittlichkeit
Und lügt sich schön das Gute!

Dies' Leben nennt er bürgerlich,
Und dass an nichts ihm fehle,
Macht er auch noch zu eigen sich
Des höchsten Gottes Seele!

Steht nun der Mensch ganz unverhüllt
Und nackt im reinen Lichte,
Bedaure, dass die Lüge fehlt,
Die stand ihm zu Gesichte!

Perlenmädchen

Mädchen, oh Mädchen, in weißem Sand
Ich die Verheißung von Perlen fand!
Klar ist die Luft, noch klarer das Meer,
Groß die Verheißung und doch nicht schwer!

Mädchen, oh Mädchen, mich zog es her,
Als wenn hier das Glück zu Hause wär!
An weißen Stränden, in tiefem Blau
Suchst Du nach Perlen, ich suche Dich Frau!

Höre, oh Mädchen, meine Lieder
Und beweg dazu Deine Glieder,
Auf dass sie sich gleich Palmenzweigen
Im sanften Spiel der Lüfte neigen!

Nimm, oh Mädchen, mir zum Gefallen
In die Hände rosa Korallen!
Dass Dir zu Deinem Glück nichts fehle,
Mädchen, mich zum Liebsten erwähle!

Fühle, oh Mädchen, ich muss für Dich sein
Des Eilands Glück, dass Du nicht allein
Musst Perlen suchen im weißen Sand,
Wo einsam das Glück nie einer fand!

Mädchen, oh Mädchen, schau nicht zurück,
In meinen Augen liegt all Dein Glück,
Das gleich Perlen in Frauenhänden
Funkeln soll und nimmer soll enden!

Das reine Leben

Das reine Leben wie tausend Kristalle,
Die tanzen und funkeln, schön sind sie alle,
Das reine Leben, ich möchte es spüren,
Mich in dem Meer seiner Wonne verlieren!

Das reine Leben: ich sehe die Wellen,
Die gülden mir das Bewußtsein erhellen;
Du reines Leben, trag mich auf den Händen,
Lass Deine heiteren Worte nicht enden!

Durch das reine Leben möchte ich gleiten,
Die freie Wahl haben nach allen Seiten;
Doch am reinen Leben sich zu ergetzen,
Hieße das nicht, die Natur zu verletzen?

Du reines Leben, was wirst Du bedeuten,
Wenn wir in Dir einen Schritt nicht bereuten,
Oh reines Leben, was gilt Dir das Träumen,
Da Du das Glück findest in allen Räumen?

In dem reinen Leben leuchtet die Sonne
Durch die Wipfel der Bäume mit kühler Wonne
Und der, der diesem Lichtschein begegnete,
Fühlt, dass sein Stern das Zeitliche segnete!

Nun bist Du erkannt, Du reines Leben,
Wissend es kann kein and'res mehr geben:
Im All gibt es Lichter, die leuchten noch lange
Und denk ich an Sterne, wird mir nicht bange!

Hans Dampf in allen Gassen

Hans Dampf in allen Gassen
Kann nicht die Hände lassen
Von der Neugier holdem Glück:
Stets will er ein neues Stück!

Frauen, Bücher und Kultur
Misst er mit der Taschenuhr,
Die da tickt ganz unentwegt;
Sag, Hans, wann es dreizehn schlägt!

Doch es nimmer dreizehn schlägt,
Dafür tickt's nur unentwegt,
Immer gleich und monoton,
Denn zu vieles sah Hans schon!

War es auch nicht immer leicht,
So hat Hans es doch erreicht,
Dass von aller Welten Pracht
Nichts mehr auf ihn Eindruck macht!

Ob des Lebens stet'gem Fluss
Man den Hans verstehen muss,
Wie man alles doch versteht,
Dafür ist es nie zu spät!

Im Haifischbecken

Haifisch, stell Dir den Himmel nicht vor,
Denn Du wirst ihn ja doch niemals seh'n;
Wann stieg schon jemals einer empor
Aus dem Becken in luftige Höh'n?

Die Zähne sind scharf, Dein Blick ist leer,
Der wuchtige Leib so angepasst
Gleitet durch's Becken, niemals durch's Meer,
Doch schert's Dich nicht, denn Wasser ist nass!

Denk nicht an das Land, an festen Grund-
Im Becken bist Du, Fisch, nicht allein!
Zum Maul verzeiht sich grinsend ihr Mund:
Fürwahr, Du sollst im Becken nicht sein!

Dank dem Becken für diese Natur,
Du endest nicht auf stinkendem Kahn
Wie's mancher freie Bruder erfuhr,
Japsend nach Luft im eigenen Tran!

Besser als Tran, mein Bruder, ist Blut,
Das pulst durch's Becken, pulst jetzt durch Dich
Und trieb so viele mit Gier und Wut,
Bevor es ihren Leibern entwich!

Gefährlich ist's, doch es und gefällt,
Da stetig es geht im Kreise geschwind
Gehorchend dem Gesetz uns'rer Welt:
Wer zuerst in den Hals beißt, gewinnt!

Gepard und Gazelle

Ich pirsch auf der Eb'ne, noch
renne ich nicht,
Gequält von der Lust nach Deinem
Fleisch,
Die Sonne brennt heiß und das
Gras wächst so dicht,
Dass ich Dich kaum mit Blicken
erheisch!

Über die Steppe geht es lustig
voran
Für uns Gazellen lustige Schar
Zu einem Ort, wo man sich
erfrischen kann,
Hin zum Wasser, doch spür' ich
Gefahr!

Ich fühl auf dem Grund Deinen
lauteren Schritt,
Noch eh mich reizt Dein köstlicher
Duft,
Nun ist's an der Zeit, dass wir tun
einen Ritt,
Bei dem Kraft oder Leben
verpufft!

Es wird mir ganz bange, Dein
Atem so heiß
Brennt mit im Nacken! Wild
schlägt mein Herz!
Willst Du mich packen? Ha! Du
willst es, ich weiß,
Dass unweigerlich trifft uns der
Schmerz!

Ich hab Dich gesehen, nun gibt's
kein zurück!
Drum presche ich vor mit aller
Kraft
Und laufe so schnell wie mich
anzieht Dein Blick,
Dessen Furcht mir Verlockung erst
schafft!

Hinfort, hinfort! So schnell es nur
irgend geht
Über Stock und Stein! Wolken von
Staub
Wirbelt der Tritt meiner Hufe auf!
Zu spät
Wähn' ich's, da ans Verhängnis ich
glaub!

Nie liefst Du so schnell, flüchtest
vor Deinem Grab
Schwebend wie eine Jungfer
einher;
Ich hab Dich im Blick, lasse nicht
von Dir ab,
Ich will Dich jetzt, nie wollt ich
Dich mehr!

Du kommst immer näher, es fehlt
noch ein Satz,
Bis dass Du von mir Besitz
ergreifst!
Ich spüre deutlich, dass sie endet,
die Hatz,
Dass Du mich nunmehr zu Tode
schleifst!

Ich stürze mich auf Dich mit all
meiner Wut,
Hau meine Zähne tief in Deinen
Hals
Und weide mein Aug' an dem
quellenden Blut:
Wie herrlich duftet des Lebens
Salz!

Ich wind mich im Tode, bin Beute
nicht mehr,
Die Du in der Savanne gesucht;
Ich hauch aus das Leben, vernimm
meine Mär:
Auf ewig bist Du, Jäger, verflucht!

Dicht ist der Nebel, dumpf liegt der See,
Verlassen die Böschung, an der ich steh',
Dämm'rung ist's, weder Sonne noch Mond,
Kein Gestirn am Himmel über mir thront!

Hierher gelangt ich durch jenen Wald,
Der hinter mir liegt, ich weiß nicht wie alt-
Unter fahlen Wipfeln, Zweigen grau
Weilt kaum noch ein Leben, kalt ist der Tau!

Ich spüre den Schmerz in den Händen,
Der kommt von der Last auf Seele und Geist;
Ach, könnt ich das Schicksal doch wenden,
Ach wüßt' ich wenigstens, was es verheißt!

Ich fühle ein Zieh'n in den Füßen,
Das rührt von dem Grund so modrig und feucht,
Ach, könnt ich doch neues begrüßen,
Ach wär doch des Kummers Ende erreicht!

Der Himmel, er wehrt meiner Bitte,
Ich sehe kein Licht von keinem Gestirn!
Gequält ist mein Geist, gemartert mein Hirn-
Dass ich mich doch irgendwie rette!

Drüben, drüben muss es besser sein!
Dicht wallt der Nebel, ich sehe nicht scharf
Und weiß nicht, was dort ich erhoffen darf;
Der Weg führt in das Wasser hinein.